——未知生，焉知死？
——未知死，焉知生？

湖 岸
Hu'an publications®

死之孤独

[德]诺贝特·埃利亚斯————著

索马里————译

THE LONELINESS OF THE DYING
(ÜBER DIE EINSAMKEIT DER STERBENDEN IN UNSEREN TAGEN)
NORBERT ELIAS

上海三联书店

图书在版编目（C I P）数据

死之孤独 /（德）诺贝特·埃利亚斯著；索马里译
. -- 上海：上海三联书店，2024.6
ISBN 978-7-5426-8336-6

Ⅰ. ①死… Ⅱ. ①诺… ②索… Ⅲ. ①死亡哲学
Ⅳ. ① B086

中国国家版本馆 CIP 数据核字 (2023) 第 246552 号

死之孤独

著　者 / ［德］诺贝特·埃利亚斯
译　者 / 索马里

责任编辑 / 张静乔　钱凌笛
特约编辑 / 史　亦
装帧设计 / 山川制本 workshop
监　制 / 姚　军
责任校对 / 王凌霄

出版发行 上海三联书店
　　　　（200041）中国上海市静安区威海路 755 号 30 楼
邮　箱 / sdxsanlian@sina.com
联系电话 / 编辑部：021-22895517
　　　　　发行部：021-22895559
印　刷 / 北京中科印刷有限公司

版　次 / 2024 年 6 月第 1 版
印　次 / 2024 年 6 月第 1 次印刷
开　本 / 787mm×1092mm　1/32
字　数 / 50 千字
印　张 / 5
书　号 / ISBN 978-7-5426-8336-6 / B·879
定　价 / 48.00 元

敬启读者，如发现本书有印装质量问题，请与印刷厂联系 010-69590320

主文首次以德语出版于 1982 年（*Über die Einsamkeit der Sterbenden in unseren Tagen*, 1982），附文则整理自埃利亚斯在 1983 年 10 月于巴特萨尔茨乌夫伦（Bad Salzuflen）举办的一场医学会议上所做的讲座。此次中文版从埃德蒙·杰夫科特（Edmund Jephcott）的英译本译出（*The Loneliness of the Dying*, 1985）。

目 录

死之孤独

The Loneliness

of the Dying

1

所有生命（包括那些我们爱的人）皆有一死，对此，人类有诸多不同的应对方式。人类生命的终结，也即我们所谓的"死亡"，可以经由类似于冥界、瓦尔哈拉圣殿◆，抑或地狱、天堂这样的概念被神化。这是人们拼尽全力与生命的有限性相妥协所采用的最古老而普

◆ 瓦尔哈拉圣殿（Wallhalla），北欧神话中死亡之神奥丁犒待阵亡将士英灵的殿堂。——译者注（如未标明，本书脚注均系原书注）

遍的方式。我们可以尽己所能将死亡推到离我们自身最遥远的地带——隐藏或者压抑那些令人不快的念头，抑或对我们自身的不朽深信不疑——"其他人会死，但我不会"。在今日那些发达的社会里这种趋势非常明显。最终，我们能够将死亡作为我们自身生存的一个事实来面对，我们能够根据日常生活的有限性来调整我们的生活，尤其是我们对其他人的行为。当与人类群体分别的那个最终时刻来临时，我们也许会希望这一时刻于人于己都尽可能轻松、愉快，并将此视为我们自身的任务；而且我们也许会提出这样的问题，即这个任务如何完成。如今，只有一些医生会以一种清楚明晰的方式提出这个问题——在更大范围的社会讨论里却鲜少出现。

这也并非仅仅是生命终结、死亡证明和棺椁坟茔的问题。很多人是逐渐走向死亡终点的，他们变得苍老，他们日渐衰弱。最终的几个小时固然重要，但那种离别在很久之前就已经开始了。老者的虚弱经常会让他们与生者隔离，他们的衰朽则使他们被生者孤立。他们同社会的联系可能会逐渐被切断，他们体验到的温情也越来越少，但他们对人们的需要不会消除。那些老者和临终者同生者群体默默隔绝，同他们依恋之人的关系逐渐冷淡，同曾给予他们意义及安全感的整个人类分离，这是最艰难的事情。暮年不仅对那些病痛者来说是艰难的，对那些被孤立的人来说，同样如此。实际上，在更为发达的社会，临终者早早被隔绝虽非刻意为之，但也尤为常见，这是此类社会的缺陷之一。这一缺陷证明，很多人难以共情于老者和临终者。

毫无疑问，这种共情比早先的时代要来得宽泛。我们不再把旁观他人被绞死、肢解或车裂当成周末消遣。我们观看足球比赛，而不是角斗士的对决。我们与他人的共情、对他们的痛苦和死亡的分担都比古代人来得多。看着饥饿的狮子或老虎将活人生吞活剥，看着角斗士们使出浑身解数让对手受伤或毙命，我们将不再像那些身着紫色华服的罗马元老院议员和罗马市民一样乐在其中。那些观众对在血腥场地里为自己搏命的另一些人，似乎缺乏共情。正如我们所知，角斗士们在行进时会向君王致意，"吾辈将死之人向您致敬"（Morituri te salutant）。有一些君王无疑认为自己可以像上帝一样永生。无论如何，如果这些角斗士们喊的是"吾辈将死之人向别一将死之人致敬"（Morituri moriturum salutan），那会更为合适。但是在一个有可能说出这样的话的社会里，大概既没有角斗士，也没有君王。能够对统治者（即便是今天，一些统治者依然对其他无数同胞拥有生杀大权）说出这样的话，需要我们比今天更全面、更系统地对死亡去神秘化，同时也需要我们更清晰地意识到，人类是一群必朽之人的共同体，那些陷入困境的人只可能从其他人类那里获得帮助。死亡的社会问题尤其难解，因为生者很难与临终者共情。

人死万事空，什么问题都没了。死亡，乃是属于生者的问题。在地球上诸多终有一死的生命中，只有人类才有临终的问题。人类和动物一样有生老病死，但在所有物种之中，唯有人类**知道**自己会死，唯有人类能够预见到自己的死亡，意识到死亡随时会降临，并以个人和群体的方式采取特别预防措施，让自己摆脱灭绝的风险。

　　数千年来，这是诸如部落或者国家之类的人类群体的一项核心功能，到今天依然如此。但是，人类遭遇的最大危险仍来自人类。各种人群打着保护自己免受毁灭的名义，让其他群体陷入毁灭性的境地。从人类历史最早期开始，人类构成的社会都是两面的：对内绥靖，对外威胁。其他物种的情况亦如此：该物种构成的社会，其适生价值通过群体的形成和个体对群体生活的适应得以体现，这是此类社会之为存在的永恒特征。但就其他物种而言，对群体生活的适应主要是基于遗传性的先天行为方式，或者至多是依照先天行为方式演化出的细微变异。于人类来说，对群体生活的适应，习得的与未习得的这二者之间的平衡是相反的。与他人共同生活的天性需要通过学习来激活——就如讲话的天性需要通过学习一门语言来激活。人类不仅能够而且必须依据群体特定的限制或规则来约束自己的行为。如果缺乏学习，他们无法作为个体或者群体成员发挥作用。没有任何一个物种像人类这样，同群体生活保持一致会对个体的塑造和发展有如此深远彻底的影响。在不同的社会中，不仅交流手段和限制模式不尽相同，死亡的体验也迥然相异。这种体验是多变的，且具有群体特殊性——对某个特定社会的成员来说，不管它看起来是多么自然或者不可变，它都是习得的。

给人类带来问题的其实并非死亡，而是关于死亡的认知。被人捏在指间的苍蝇，挣扎起来不亚于被凶手死死掐住的人类，但我们不应该觉得它好像清楚自己陷入了危险。在生死攸关之际，这只苍蝇的防御动作并非它所属物种后天习得的技能。一只母猴可能会抱着它死去的猴崽跑上一段时间，之后再把尸体丢在不知道什么地方。这只母猴对死亡一无所知，无论是它幼崽的死，还是它自身的死。但人类知道，所以对人类而言，死亡变成了一个问题。

2

随着社会的发展，人们对死亡是什么的回答也在不断变化。这些答案有着阶段特异性。在每一个阶段，又有着群体特异性。如何看待死亡及与之相应的仪式本身，也成为社会化的一个方面。共同的观念和仪式将人群聚集在一起，而相异的观念和仪式则会区分不同的群体。多少个世纪以来，人们为了直面死亡及其对自身生命的持续性威胁，怀有各种信仰。这些信仰承诺，死亡并非终结，参与其仪式可得永生。在此，我们应当对所有这些信仰加以审视，同时，对人们以这些信仰之名对彼此做下的事加以描述。显然，无论一种观念多么匪夷所思，只要它能够减轻人们知道自己必有一死的压力，只要它能够给予人们在某种形式上获得永生的希望，人们就会带着强烈的献身精神准备去信仰它。

毫无疑问，在发达社会里，人群不再那么狂热地坚信，只有他们自己的超自然信仰及其仪式能够让其内部成员在尘世生活终结之后还能享有永生。中世纪时，那些少数派信徒会被活活烧死或者用剑砍死。13 世纪，在一次对法国南部的阿尔比教派的讨伐中，一个实力更强大的信徒团体将一个较弱的团体全数歼灭。后者的成员被施以烙刑，被驱逐出家门，还有数百人被烧死在火刑柱上。"我们很开心地看着他们燃烧。"一个胜利者说。这种情况下，人与人之间的共情是不存在的——不同的信仰和仪式将他们分隔开来。通过驱逐、监禁、拷打和火刑，宗教裁判所对持不同信仰者发起了十字军东征。近代早期的宗教战争也是人人耳熟能详，其余波一直延续至今，比如爱尔兰。而最近伊朗爆发的宗教领袖和世俗统治者的冲突，也同样能让我们想起集体情绪所催生的狂暴，想起超自然的信仰体系在中世纪激发的仇恨，因为它们都承诺让人免死，予人永生。

如前所述，在探求通过某种超自然的信仰体系对抗危险和死亡方面，更为发达社会中的人们多少已不那么狂热。某种程度上，这种探求的基础已经转移到世俗的信仰体系中。与中世纪相比，人们在近几百年来越来越不需要被许以长命百岁，这展现了一种新的文明阶段。在较发达的国家里，人们享有的安全保障，以及他们应对诸如疾病或者猝死等命运的残酷打击时受到的保护，都比过去的时代多得多，而且也许比人类历史上的任何一个阶段都多得多。和过去的历史阶段相比，发达社会的人类生活更具可预测性，同时它又要求个体具有更高程度的预见性，以及对自身激情的控制。这些社会里个体相对较高的预期寿命也反映了更高水平的安全保障。13 世纪时，一个 40 岁的骑士在自身群体之中几乎就可以被看作一个老人了；而在 20 世纪的工业社会里，这个年龄几乎可以算作年轻人——因阶级不同存在差异。我们身处的这个世纪对疾病的预防和治疗措施比以往任何时候都更有序、更规范，尽管仍有可能是不够的。社会的内部安定（对个体提供保护，使其免遭不为国家所容的暴力，也不会挨饿）达到了前人无法想象的程度。

当然，如果仔细观察，我们可以更确切地看到个体在这个世界所面临的风险是多么巨大。而世界滑向战争的风险对个体生命构成永恒的威胁。只有用相对长远的眼光来看，我们才能发现，我们用来防范不可预测的人身危险或应对无尽的生存威胁时拥有的保障，与之前时代相比增加了多少。那些生活最不稳定、最不受自己掌控的阶层和群体最有可能为一些彼岸信仰而狂热，那些信仰许以超自然的力量保护他们免受命运的打击，让他们获得个体的永恒。但整体来说，在发达社会里，对人们构成威胁的风险，尤其是死亡的风险，是更加可预料的，而那种试图获得神灵庇护的需求也变得越来越克制。毋庸置疑，随着社会的不稳定性不断增强，随着人们的预见能力不断减弱以及某种程度上对自己长期命运的掌控能力不断衰退，这种需求将再度变得强烈。

如果不参照个体生活得到的相对保障及其可预期性，不参照相应提高的预期寿命，就无法彻底理解当代社会对临终的态度以及死亡呈现出的形象。生命变得越来越漫长，死亡被进一步延迟了。临终者和死者的场景不再司空见惯。在正常的生命阶段，很容易忘记还有死亡。可以说，死亡有时候是被"压抑"了。一个美国的棺椁制造商最近观察到，"时下人们对死亡的态度导致人们只有在晚年才会去考虑葬礼——如果会发生的话"。◆

◆ B. Deborah Frazier, "Your Coffin as Furniture — For Now," *International Herald Tribune*, 2 October 1979.

3

如果说死亡在今天是被"压抑"了，对我而言，"压抑"这个词具有双重含义。它不仅存在于个体层面，也存在于社会层面。在第一种情况下，这个词的含义和在弗洛伊德那里的含义没有太多区别。它指的是一整套由社会灌输的心理防御机制，通过这套机制，那些极度痛苦的童年经验，尤其是童年早期遭遇的冲突，以及由此产生的罪恶感和焦虑感，被记忆阻挡在外。它们通过一种间接而隐蔽的方式影响一个人的情感和行为，但它们却在记忆中消失不见了。

　　幼年时期的经历和幻想对个体如何面对自身的死亡有很深的影响。一些人能够极平静地面对自己的死亡，而另一些人则对死亡抱有一种强烈而持久的恐惧，且常常不会或者说不能将它表达出来。他们可能对这种恐惧有所意识，只不过把它同飞行恐惧或空旷恐惧一样看待。为了无须面对童年时与死亡相关的强烈的焦虑，且让其变得可以忍受，一个常见方法就是想象自己是不朽的。这种方法有很多形式。我就认识一些人，他们对不朽的补偿性幻想（那种抑制了他们过度的童年恐惧的幻想）被临终的近在咫尺严重动摇了，因此完全无法面对临终之人。这种动摇可能导致他们对死亡（或惩罚）的强烈恐惧以更赤裸的方式进入意识，而这是令他们无法忍受的。

在此，我们以一种极端的形式发现了我们时代更为普遍的一个问题——对于那些将要和人类分离的临终者，我们无法给予他们最需要的帮助和温情，仅仅因为他人之死也是对我们自身之死的一个提醒。目睹一位临终者的样子打破了人们的防御性幻想。人们原本幻想自己是不死的，这就像他们在自己和外界之间建了一道墙。自爱会向他们低语，说他们是不朽的：过于亲密地接触死亡则会威胁到这种一厢情愿的幻梦。在那种压倒一切地需要相信个人不朽，并因此拒绝预知自己将会死亡的背后，经常潜伏着强烈的被抑制的罪恶感。这种罪恶感也许出于他们对父母或兄弟姐妹的死亡愿望◆，还有随之而生的对家人希望自己死去的恐惧。在这种情况下，如果想要摆脱死亡愿望（尤其是对家人的）带来的罪恶感－焦虑感，想要摆脱家人会对自己进行报复的想法（惧怕因自己的罪恶而受到惩罚），唯一的办法就是树立一种极为强烈的对个体不朽性的信仰，即使一个人在一定程度上也许能够意识到这种信仰的脆弱性。

◆ 死亡愿望（death wish），即有意识或无意识地希望别人或自己死去的愿望，是精神分析学派用语。——译者注我们已经在远古神话里发现了死亡恐惧和罪恶感之间的关联。天堂里的亚当夏娃是不死的。上帝之所以诅咒他们去死，是因为亚当，那个男人，违背了神圣的父的戒律。死亡是父亲或者母亲那样的人物施加在人们身上的惩罚，或者人们死后会因为他们犯下的罪孽受到伟大父亲的惩罚，这种认识有很长一段时间也在人们的死亡恐惧中占据着举足轻重的位置。如果这种被压抑的罪恶感－焦虑感能够得到减轻或者消除的话，那对有些人来说，死亡当然有可能变得容易面对一些。

但特定的社会问题与上述压抑死亡观念的个体问题如影随形。在这个层面上，压抑拥有了一种不同的含义。然而，只有将这种当今社会面对死亡的主流行为与先前时代或者其他社会相比较时，其特殊性才能被觉察到。只有这样，人们才能将在此观察到的行为变化置于一个更大的理论框架之中，从而使其更易解释。直接点说，与这个意义上言及的死亡"压抑"相关的社会行为的变化，是我曾在别处更详细考察过的更广泛的急速文明化的一个方面。◆在这一急速文明化过程中，人类生命中所有基本的、动物性的方面都比以往更加等量齐观、更加无可逃避、更加方式不同地被社会规则和道德人心所控制，而这些方面几乎无一例外会给集体生活和个体自身带来危险。与变化的权力关系相一致，这些方面开始和羞耻感、厌恶感或窘迫感联系在一起；在某些情况下，尤其是欧洲急速文明化过程中，它们被驱逐到幕后，或者至少是从社会生活中被移除了。人们面对临终时，其行为的长期变化也是如此。死亡是人类生活中最严重的生物社会性危险之一。同人类生命中其他动物性的方面一样，死亡，无论是作为一种过程；还是作为一种记忆表象，在这次急速文明化的期间越来越被推至幕后。对于那些临终者而言，这意味着他们也愈加被推至幕后，遭到孤立。

◆ Cf. Norbert Elias, *The Civilizing Process*, vol. 1, New York, 1978, vol. 2, Oxford, 1982; particularly vol. 2, pp. 229ff.

4

菲利普·阿里耶斯在他那本极具启发性、资料详尽的《西方死亡史》中，试图为他的读者提供一幅栩栩如生的关于西方人面对死亡的行为和观念的变迁图景。◆但是，阿里耶斯仅仅将历史理解为描述。他把生动的描述堆砌起来，也大体呈现了整个变迁。这很精彩也很

◆ 菲利普·阿里耶斯（Philippe Ariès, 1914—1984），亦译菲力浦·阿利埃斯，法国历史学家。《西方死亡史》系根据其在美国大学的系列讲座整理，1974 年在美国首次出版（*Western Attitudes Toward Death from the Middle Ages to the Present*）。次年，该书法语版出版（*Essais sur l'histoire de la mort*）。后文提及或引用该书依据的是德语译本（*Studien zur Geschichte des Todes im Abendland*）。——译者注

具启发性，但没有任何解释力。阿里耶斯对事实的选择系基于他的先入之见。他试图传达的假设是，在更早的时代，人们是在平静坦然中死去的。他假定，这一切只是在今天才发生了变化。阿里耶斯怀抱一种浪漫主义精神，以过去的黄金岁月之名，带着不信任的目光打量着糟糕的当下。尽管他的书中援引的历史证据颇为丰富，但我们必须谨慎对待他对证据的拣择和阐述。当他援引《圆桌故事》，援引绮瑟和主教托宾的行为，◆来证明中世纪的人们面对死亡是多么平静时，我们对此很难苟同。他并没有指出，这些中世纪的史诗是对骑士生活的理想化，也是有选择性的一厢情愿的生动描述，这些生动描述更多说明了诗人和他的读者认为是应然而非实然的东西。阿里耶斯对其他文学典故的引用也是如此。他的结论有鲜明的个人特色，亦显示了他自身的某种偏好：

◆ 《圆桌故事》（*Romans de la Table Ronde*）是 12 世纪法国部分民间故事的总称。绮瑟（Isolde）和托宾（Turpin）是 11 世纪法国史诗《罗兰之歌》中的人物。这两部作品都包含有英雄传说的内容。——译者注因此，在数百或数千年间，人们就这样［也就是说，平静地］死去……这种古老的态度与我们看待死亡的态度形成了某种强烈对比：前者认为死亡是熟悉的，切近又温和，对所有人一视同仁；而在后者看来，死亡在我们心中唤起的恐惧之深，让我们无法直呼其名。这正是我将这种熟悉的死亡称为"被驯化的死亡"的原因。这样说时，我并不是想说，死亡**在过去**一直是野生的……恰恰相反，我是想说，它**在今天**变得野生了。◆

较之高度工业化的民族国家的生活，中世纪封建国家的生活都是狂热而暴力的，因而也是多变、短暂而野蛮的——即使这类国家今天依然存在，也是如此。临终会充斥着折磨和痛苦。在更早先的时代，人们不太可能少受那种折磨。即便在今天，医学技术的发展程度都不足以保证每个人都毫无痛苦地死去，但它足以让很多在过去会以极度悲惨方式死去的人更为平和地离世。

◆ Philippe Aries, *Studien zur Geschichte des Todes im Abendland*, Munich/Vienna, 1976, p. 25.

可以肯定的是，在中世纪，人们对死亡和临终过程的谈论比今天要来得更加坦率而频繁。当时的通俗文学也见证了这一点。死者，或死之显现，会出现在很多诗歌里。在一首诗中，三个人经过一处敞开的坟墓，死者对他们开口说："我们曾经是你们，而你们也终将会是我们。"在另一首诗中，"生"与"死"展开了一场争执。"生"在控诉"死"伤害自己的孩子，而"死"则在夸耀自己的胜利。和今天相比，无论是对青年人还是老年人而言，死亡在过去都较少遭到遮掩，而是更加普遍、更加熟悉。这并非意味着当时的死亡来得更加平静。中世纪的好几百年里，社会对死亡的恐惧程度并非一成不变，这种恐惧在 14 世纪时显著增强了。城镇在扩张，瘟疫变得更加顽固难除，并且席卷欧洲。人们对如影随形的死亡恐惧不已，教士和托钵修士们更是放大了这种恐惧。当时的绘画和写作中开始出现了"骷髅之舞"的主题。过去的死亡祥和静好？何其片面的一种历史观点！就社会对死亡的恐惧程度而言，做今夕对比相当有趣：在我们的时代，存在环境污染和核武器；在文明的早期阶段，国家的内部安定性较少，对传染病和其他疾病的控制力较弱。

在过去，对那些临终者来说有时能带来慰藉或帮助的，是他人的在场。但这取决于在场者的态度。据说，亨利八世的大法官托马斯·莫尔在临终父亲的病榻前拥抱了他，并亲吻了他的嘴唇——终其一生，他都非常尊崇父亲。◆而在其他的故事里，子女们则站在病榻边冷嘲热讽临终的老人。如果将其视为社会发展的一个阶段，中世纪是一段极度动荡不安的时期。暴力频仍，矛盾也更炽热，战争经常是唯一法则，而和平则是例外。传染病在整个欧洲大陆肆虐，成千上万的人痛苦而悲惨地死去，得不到任何抚慰。每隔几年，庄稼的歉收会令贫者无米下锅。成群结队的乞讨者和残疾人是中世纪再常见不过的图景。人们既能施展善意，也能赤裸裸地释放残酷天性，对他人的痛苦幸灾乐祸或对他人的不幸无

◆ William Roper, *The Life of Sir Thomas More*, London, 1969. 但也参见我对于罗珀此番论述之可靠性的讨论："Thomas Morus' Staatskritik," in *Utopieforschung*, vol. 2, ed. Wilhelm Voßlkamp, Stuttgart, 1982, pp. 101–150, especially pp. 137–144.

动于衷。这种对立要比我们今天更加尖锐——无论是毫无节制的放纵和可怕的原罪意识导致的激烈的自我贬抑、禁欲和苦行的对立，抑或王公贵族的奢华和下等民众的悲惨之间的对立。对死后遭受惩罚的恐惧，对灵魂救赎的热切渴望，经常毫无预警地俘获所有人，无论贫富。为了保险起见，王侯们修建教堂和修道院，穷人们则祈祷、忏悔。

在我看来，阿里耶斯很少谈及教会制造的对地狱的恐惧。但是一些中世纪的绘画呈现了当时的观念中人们死后会经历的场景。我们能在比萨一处中世纪后期的著名墓地里发现这样的例子。其中一幅画栩栩如生地描绘了人们死后将面临的恐怖。人们可以看到，天使在指引那些得救的灵魂走向天堂中的永生，而地狱可怖的魔鬼则在折磨那些受到诅咒的人。在这样可怕的画作前，想要体验安详平和的死亡并非易事。

总而言之，在中世纪社会，人们的寿命更短，对风险的控制力也更弱，临终通常比今天更痛苦，原罪感和对死后受罚的恐惧成为一种官方教条；但好歹，他人在个体死亡过程中的在场更为普遍。今天，我们知道在有些情况下如何降低死亡的痛苦；罪恶感产生的焦虑被更全面地压抑，甚至可能被掌控了。宗教团体无法像过去那样出于对地狱的恐惧而捍卫自己的信条。但是，他人对个体死亡过程的参与变得越来越少。和文明进程的其他方面一样，我们很难权衡其中的利弊。但带着"美好的过去，糟糕的当下"这样的情绪所描绘的黑白图景对我们的帮助微乎其微。最紧要的问题是，过去是怎样的，为什么会是那样的，以及现在为何变得如此不同。一旦我们可以明确回答这些问题，也许就能做出价值判断了。

5

在一种文明的不同发展阶段，人们面临的问题也会
发生变化，但这种变化并非没有结构或者混乱无依。通
过细致的观察，我们可以在与伴随这一进程而演化的
"人－社会"的问题中发现一种特定的秩序。这些问题
当然也带有其所处的特定阶段的特定形式。

比如说，只有当人们能够成功解释并在某种程度上控制可怕的细菌感染之后，人们才开始将病毒性疾病视为一个独立的问题。这一成果绝非徒劳，它代表了进步，但又是有限的，因为它并没有终结与病原体的抗争。人口增长的问题也是如此。人们在对抗疾病方面取得的进步，尤其是对致命传染病的控制，可以部分解释这种盲目、无计划且危险的过程。当面临人口增长带来的危险，渴望通过马尔萨斯式的限制（瘟疫、战争、禁欲、饥荒和早夭）回到"更好的过去"时，我们又该作何感想？

在四五百年前，急速文明化显著出现。在此过程中，人们对死亡的态度，以及死去的方式，同其他东西一样经历了变化。这一变化的主要脉络和方向相当清晰明了。我们可以举一些例子来论证这一点，即使在某种语境中，恰切判断这种变化的复杂结构几乎是不可能的。

和今天相比，临终在早先时代是一个更具公共性的事情。只能如此。因为首先，当时的人独自过活是不太寻常的。僧尼们可能在庙宇里孤独生活，但普通人一直都是和他人共同生活的。住所的环境让他们没有太多选择。同人类生活的其他诸多动物性面向一样，生与死的公共程度更高，因而与今天相比，也是更加社会化的事件：其中的私人性成分更少。今天的大人是不情愿让他们的孩子了解死亡的，没有什么比这样一个事实更能反映今天的人对死亡的态度了。无论在个人还是社会层面上，这种对死亡的压抑都尤为值得注意。成人暗暗地以为儿童可能会被（这一事实）伤害。于是，这样一个孩子们终将会知道、会理解的有关生命的简单事实被隐瞒起来。但是，孩子们面临的危险并不在于他们对每个人（他的父母，还有他自己）的有限生命的了解，在任何情况下，孩子们的幻想都与这个问题紧密相关，而与之伴随的恐惧和焦虑常常被他们强大的想象力给放大了。意识到（与他们所幻想的相反）他们自己通常会比之前的人拥有更长的寿命，这一点实际上对他们是有益的。困难在于以何种方式告知孩子关于死亡的事实，而不在于向他们传达的内容。那些选择不和自己的孩子沟通死亡（也许这么做并非毫无缘故）的成人，感觉他们会将自己的焦虑传达给孩子。我知道一些父母中的一人在车祸中丧生的例子。孩子们的反应取决于他们所处的年纪和他们的人格结构，但这种经历带来的深度创伤后遗症让我相信，如果让孩子们知晓死亡、知晓他们及他人的生命都是有限的这一事实，还真对他们是有益的。毫无疑问，今天的成年人不愿对孩子教授关于死亡的生物学事实这一点，是现阶段文明主导模式的一大特点。过去，当其他人死去时，儿童往往是在场的。在一切都暴露于他人目光之下的环境中，死亡也在儿童眼前发生。

6

在社会发展的早先阶段，人们在社会生活的各个方面（包括演说、思考和写作）受到的约束并不等同。每个人的潜意识压抑，形式也不相同。一首较为晚近的17世纪的诗歌也许能够帮助阐释清楚这个差异。那是西里西亚诗人克里斯蒂安·霍夫曼·冯·霍夫曼斯瓦尔道

（Christian Hofmann von Hofmannswaldau）的一首诗，题目是《美之无常》：

> 苍白的死亡就伸出渗着寒意的双手，
>
> 最后，还有时间，抚摩你的双胸，
>
> 你双唇那抹可爱的珊瑚色也将暗淡；
>
> 你那如雪的双肩冰冷如尘沙，
>
> 你双眼灼灼，双手充满活力，
>
> 他们为谁拜倒，他们必定早早腐化，
>
> 你的头发，如金子般闪耀，
>
> 时光终将消逝，我们共同的纽带。
>
> 你姣好的双足，优美的步姿，
>
> 半是尘土，半是虚空，
>
> 无人继续尊崇你神圣光华。
>
> 一切一切终将湮灭无踪，
>
> 唯有你心永存，
>
> 因其坚如钻石。

今天的读者可能会觉得，苍白的死亡用它冰冷的双手去呵护爱人的双胸，这个隐喻稍显粗俗，或许格调不高。也可能相反，他们从这首诗中看到一种对死亡深深的关切。但是，说到我们自己可能对这首诗产生兴趣，这大概只是因为一场非正式化（informalization）浪潮的异常爆发——这次浪潮始于1918年，在1933年经历了剧烈的逆转，而后又于1945年达到顶峰。和很多巴洛克时期的诗歌一样，它挑战了维多利亚时代和威廉时代的诸多禁忌。如此精细地、毫不浪漫地甚至略显滑稽地谈及爱人的死，即便按今天缓和不少的维多利亚时期的禁忌标准，在某种程度上也可以说是不寻常的。人们如果不能将在当下以及个人人格结构里找到的这种文化变迁列入考量，就只能是无知的解读者、无知的阐释派历史学家。武断的阐释将会是常态，而错误的结论几乎会是必然。更先前时代的人会更开放坦率地谈论死亡，坟墓和虫子也可能被用来证明他们对死亡的病态兴趣，而他们对男女情事毫不避讳的谈论也可能被视为他们纵欲享乐或者道德涣散的体现。只有当我们能彻底超脱自己，超脱我们自身所处的特定文明阶段，并意识到我们自身在特定阶段呈现的羞耻和厌恶的特征时，我们才能公正看待其他时代人的行为和作品。

与我们今天更加私人化、个体化的诗歌相比，一首像这样的诗歌，更多地直接诞生于男女的社会交往。其中交织的严肃和智慧非今日的作品所能匹敌。也许这是为某一特定场合而写的诗作，可能在霍夫曼斯瓦尔道的小圈子里流通，令他的朋友们（无论男女）展颜欢笑。后来诗歌中那种往往令人联想起死亡和坟墓的肃穆或感伤的口吻，在这首诗里也无迹可寻。这样一首箴言实际上也透着玩笑和戏谑的口吻，这一点再清晰不过地显示出了态度的差别。诗人所在的小圈子喜欢的那种玩笑轻而易举就会将今天的某个读者排除在外。霍夫曼斯瓦尔道告诉他依依不舍的爱人，她美丽的容颜将会在坟墓里凋零，她珊瑚色的红唇、雪白的双肩、神采飞扬的双眸还有她的整个身体都会腐烂——除了她的心，那颗因不听从他的请求而坚硬如钻石的心。在所有对当代情感的记录中，我们找不到这种不厌其详地、挑逗式地形容人类腐烂，融合哀悼和轻浮的情感的对应物。

这首诗也许可以看作是作者的个人创作。从文学史的角度，可以很轻易地就采用这种视角来诠释。但在当下的语境中，作为体现不同文明阶段迥异的死亡观的证据，这首诗的重要性恰好来自于它并非个人创作这样一个事实。从最宽泛的角度来说，它是欧洲巴洛克诗歌常见的一个主题，向我们传递了17世纪贵族社会中情爱关系的一些礼仪风貌。在这个上流圈子里，有无数的诗歌表现同一个主题。只有诗学处理是因人而异的，变化的。关于这一主题最优美也最著名的作品当属英国诗人安德鲁·马维尔（Andrew Marvell）的《致羞怯的情人》。它同样也直言不讳地提醒我们，那具美妙的肉体在坟墓里会面临什么样的结局，同时也告诫那个铁石心肠的女人不要让自己等待太久。同样，几个世纪以来这首诗也一直被低估。时至今日，其中的一些句子成了英国文学选集最喜欢引用的诗句：

> 坟墓是个美好而隐秘的地方，
>
> 但没人会在那里拥抱，我想。

相同主题的不同变体在皮埃尔·德·龙萨（Pierre de Ronsard）、马丁·奥皮茨（Martin Opitz）和其他同时代的诗人那里也可以找到。它所表现的羞耻和窘迫尺度与我们完全不同，社会化的人格结构也完全不同，而绝不仅仅是个体的差异。人们谈论死亡、坟墓和发生在死者身上的一切时，并不受（今天）如此严格的社会意识稽查。腐败尸体的景象更为常见。每个人，包括儿童，都知道他们（死者）的模样；而因为每个人都对此有认识，无论在社会生活中，还是在诗歌里，它们都可以被相对更自由地谈论。

时过境迁。在人类历史上，从没有哪个时期像今天这样，死亡被如此卫生地从社会生活中彻底移除了，尸体也从未像今天这样被如此无色无味、技艺纯熟地从临终的床榻转移到墓地。

7

今天，人们尽一切可能将死亡和临终从社会生活中排除，将临终者与他人尤其是儿童隔离开来。与此紧密联系的是生者面对临终者时一种特殊的尴尬无措之感。他们经常不知道该说什么。在那种情况下，得当的言辞相对而言比较匮乏。那种窘困的感觉让他们无法开口。

对于临终者而言，这可能是一种痛苦的体验。他们尚且活着时就已经被抛弃了。但是即便在这种情况下，死者以及临终者留给那些生者的问题也不是孤立存在的。在他人的危难关头沉默寡言，抑或对向他人表达同情时缺乏自发性，并非只出现在某人将要死去或进行哀悼的情形下。在我们现在的文明阶段，当人们很多时候需要在不失去自控力的前提下表达强烈的情感参与时，这种情况也会发生。当他们表达爱意和柔情时同样如此。

在所有这些例子中，更年轻的一代比先前几个世纪的人更需要被迫从自身寻找力量，寻求自身的创造力，来找到可以正确描述自身感情的词句。社会传统为个体提供的，能够让人们在这些场合更容易表达情感需求的"套话"或"行为模板"越来越少了。当然，传统的措辞和仪式仍在被人们使用，但越来越多的人发现使用它们变得越来越难，因为它们看起来空洞肤浅、陈旧不堪。过去社会里的那套仪式规矩，曾让人们更容易面对这种危急的生命境况，但对很多年轻人来说却显得迂腐而虚伪；而新的仪式，即能够反映当今的情感模式与行为模式的，能纾解反反复复的人生危机的，却还没有出现。

健康人与临终者（或者生者与死者）之间的关系是有阶段特异性的问题。如果认为这一问题是孤立的，那就会给人留下错误印象。在此，我们面对的是一个局部的问题，是现阶段文明整体问题中的一个方面。

在这个例子中，只有将它与过去同样的问题进行对比时，我们才能更好地理解当下问题的特殊性。1758年10月底，普鲁士国王腓特烈二世的姐姐拜罗伊特侯爵夫人处于弥留之际。国王无法亲自前去探望，但他立刻将自己的御医科特纽斯（Cothenius）派过去，以便后者能帮上忙。他还捎去了献诗和如下一封信，这封信落款于1758年10月20日：

最温柔亲爱的姐姐：

展信安。我的心中全都是你，全都是你的安危，全都是我对你的感激之情。日日夜夜，在我作文赋诗时，你的形象充斥着我的整个灵魂，统治了我所有的思想。如果上天能应允我每日祈求你康复的祷告，那该有多好！科特纽斯在赶往你处的路上。如果他能拯救这世上于我来说珍贵无双的人，拯救我深深敬重，让我在己身化为斋粉之前愿一直与她同在的人，我必定重重嘉奖他。哦，最温柔亲爱的姐姐！

你忠诚无二的弟弟、朋友腓特烈

　　国王这封写给他姐姐的告别信不是用法语，而是用德语完成的——他鲜少如此。我们可以想象，这封信给那个弥留之际的女人带去了安慰，减轻了她与尘世离别的痛苦，如果她能读到这封信的话。

　　德语中可以妥帖传达非两性之间情感依恋（人与人之间的，不分性别，也无论出身）的语句并不是特别丰富。与英语中的"affection"（感情）、"affectionate"（充满深情的）对应的词语是缺位的——"Zuneigung"和"zugetan"这两个词都带有"倾向，意愿"的意思，但都不能完全传达出英语中那两个词的情绪温度，而且也不怎么常用。腓特烈的"最温柔亲爱的姐姐"毫无疑问是其感情非常准确的表达。今天的人们还会这样说话吗？他对他姐姐的依恋也许是他一生中对一个女人或者任何一个人所能有的最牢固的情感纽带了。我们可以假定这封信里描述的感情是真诚的。这对兄妹对彼此充满深情。他清楚地意识到，对她允诺自己的感情永不衰竭会给那个临终的女人带来慰藉。而他对他所处社会的那种特定的语言传统有着绝对的信任——他任由这种语言引导着自己的笔尖，这让他在表达这些情感时变得相对容易。现代读者对过往时代的陈词滥调往往比较敏感，可能会觉得"充斥着我的整个灵魂"的"你的形象"是传统的，还有"上天能应允我每日祈求"听起来都带着巴洛克的戏剧化风格，尤其是这些话出自一个并不以其虔诚信仰闻名的君主之口。腓特烈二世确实运用了一些传统的表达来抒发自己的情感，但是在他如是运用时，他情感的真挚溢于言表，我们也许可以假定收信人也能体验到这种真诚。在这种沟通的结构中，收到信件的那些人能够分辨出何种温文尔雅的表达是真诚的，何种是不真诚的。而我们的耳朵则可能分辨不清这种文雅辞章里面的细微差别。

这也尖锐地刻画了今天的情况。至今犹然的非正式化浪潮◆让我们对前几代人的那些陈旧的仪式和"华丽"的表达尤为不信任。社会约定俗成的很多固定表达带着过往规则体系的气息，无法像佛教僧侣转经筒上的"唵嘛呢叭咪吽"一样继续机械地使用。但同时，现阶段的文明所带来的变化，也导致很多人不愿意，甚至经常是缺乏能力或公或私地表达强烈的情感。这种情感只能通过政治或者社会矛盾得到释放，至少看起来如此。在17世纪，男人可以当众抛泪，但这在今天却变得很难且少见。只有女人们依然能够这样做，社会目前也还允许这样做，但这种情况能持续多久呢？

因而，在面对临终者和哀悼者时，我们能够极其清

◆ Cf. Cas Wouters, "Informalisation and the civilising process," in *Human Figurations. Essays for Norbert Elias*, ed. Peter R. Gleichmann, Johan Goudsblom and Hermann Korte, Amsterdam, 1977, pp. 437–453.

晰地看到文明进程当下阶段的两难处境。非正式化的转向让大部分人开始觉得，死亡这一人类生活的危机时刻曾对应的一整套传统行为模式（包括习惯用语的使用）变得不可信，且令人尴尬。因而，寻觅合适措辞、合适姿态这样的任务就落到了个人头上。避免约定俗成的仪式和措辞，就要求提高个体创造性和表达能力。但是，这一任务往往超出今天这个文明阶段的人的能力。人们共同生活的方式（现阶段文明最本质的部分）要求人们在表达强烈而自发的情感时有更多的保留，并且确实也带来了这样的效果。通常情况下，只有在面临极端的压力时，人们才能冲破自己在面对极端情绪时进行行动和表达的障碍。因此，和临终者进行毫不令人窘迫的对话（这正是他们所迫切渴望的）变得异常困难。只有医院那种制度化的依例行事才能赋予临终的过程某种社会框架。然而，依例行事大部分都缺乏情感的温度，而且也进一步加剧了临终者面临的孤独感。

宗教的死亡仪式会在信众心中唤起个体的私密情

感，即人们关心他们，毫无疑问这是仪式的真正功能。除此之外，临终在今日是远未成形的情境，是社会地图上空白的疆域。这些世俗的仪式在很大程度上都没有人情味，也缺乏意义；传统而世俗的既定表达也缺乏那种让人确信的力量。禁忌阻止了任何强烈情感的过度释放，虽然那些强烈的情感确实是存在的。而那种萦绕在死亡周围的传统神秘气氛，以及神奇动作的残余（推开窗户，停下时钟）让死亡成为一个不那么容易面对的、人们必须要协力为彼此解决的属于人类和社会的问题。在当下，那些陪伴临终者的人们经常缺乏关怀和体贴，无法成为临终者的依靠和慰藉。他们发现自己很难做到握住临终者的手，或学会抚慰他们，或让他们体验到一种永不消退的呵护感或归属感。文明对表达强烈而自发的情绪过度禁忌，捆绑住了他们的口和手。生者对死亡也有一种无意识的恐惧，认为那是一种具有传染性、威胁性的东西，他们会不由自主地从临终者身边走开。但是，正像同亲密之人的每一次告别，对于即将告别尘世的那个人而言，除了肉体病痛的减轻之外，始终不渝的热情，或许是身后人所能给予的最大帮助。

8

　　生者从临终者身边抽离，蔓延在彼此之间的那种沉默，一直持续到死亡降临。比如，从人们对尸体的处理以及对坟墓的看护中，就可以观察到这种态度——这两者如今基本都不再由家人、亲戚或朋友经手，而是收费的专业人士来操持。前者关于死者的记忆也许依然栩栩如生，而作为情感焦点的尸体和坟墓本身反而变得无足轻重。米开朗琪罗的《圣母哀子像》呈现了悲痛的母亲和她已断绝气息的儿子的尸身，但人们更多是将其当作一件艺术品，而无法将其想象为真实事件。

照看墓地的任务已经从家人手中转移到专业人士手中，这种变化程度之深，我们从墓地园丁们编撰的一本小册子（《墓地：城市的绿色空间》）◆中可以窥见一斑。很自然，它是用来告诫竞争对手们，不要减少装饰墓地的鲜花数量。我们可以假定，营销机构们已经尽可能让这些小册子去迎合潜在顾客的心理。因此，对于墓地作为死者长眠之地的重要性，小册子完全闭口不谈。我们也可以理解，其中几乎不会直接提到墓地园丁这一职业和埋葬尸体这两者之间的任何联系。如果我们还记得之前引用的那些 17 世纪诗歌的主旨的话，那么，这种小心翼翼的隐匿（同时也映射了潜在客户的心理）就会变得再清晰不过了。那些诗歌在描写墓中尸体会经历什么时的那种直言不讳，和我们时代从卫生学上将令人不快

◆ *Friedhof. Grüner Raum in der Stadt*, published by Zentrale Marketing-gesellschaft der deutschen Agrarwirtschaft mbH, in collaboration with Zentralverband Gartenbau e. V. Bundesfachgruppe Friedhofsgärtner.

之物从印刷品中（毫无疑问，也包括社会对话中）排除出去的状况构成了最为鲜明的对比。马维尔为了赢得仰慕女子的心，而提醒她，蠹虫会考验她"守卫已久的童贞"，她"高洁的名誉"也会在坟墓中"化为尘土"。这向我们展示了在并非人为的文明进程中，反感的尺度变化有多大。在彼时，即便是诗人们也会面不改色地谈到坟墓中的蠹虫；而在今天，即使是墓地园丁们都会小心翼翼避免提到任何能让人将墓地和死亡联系在一起的东西。"死"这个词本身是要尽可能在任何地方避开的，它在小册子上只出现了一次，即提到缅怀死者的那天时。而死亡所带来的这一负面印象立刻就被后面提到的婚礼日（另一个同样需要鲜花的日子）冲淡了。人们通过将墓地仅仅展示为"城市的绿色空间"来淡化它所产生的危险联想：

　　德国的墓地园丁们……想要让墓地成为一块文化和传统的空间，一个回忆性的空间，同时作为都市绿地的一部分，从而让墓地在公众意识中占据更重要的位置。因为被强化的公共意识是最强有力的保证，能保证墓地里绿荫如画、鲜花遍地这样的传统画面，某一天不会被异族的墓葬风俗、因经济纷争产生的诸多限制，以及失控泛滥的设计规划或者仅仅彻底理性化、技术化的墓地规划所影响。

如果具体讨论那些对抗商业敌手的策略，我们会有很多启发，但本书意不在此。无论如何，在人力所能及的范围内，潜在的顾客都被保护，可以不用面对与死亡有关的回忆或与之相关的一切。对预期的客户而言，死亡已经变成一种令人不快之物。但是，这种逃避和隐藏的行为反过来又变得令人反感。

如果缅怀死者的所在真的能成为供生者驻足的公园，亦很美好。那是墓地园丁们愿意传达的形象——"一个喧嚣尘世中静谧、绿荫环绕、生机盎然的小岛"。真希望它如设想的那样，成为生者们可以流连的公园，成为大人们可以在其中放松地吃着三明治、孩子们可以尽情嬉戏的一个地方。然而，这样的情景在过去也许是有可能的，在今天其实是被禁止的，因为"肃穆"逐渐成为一种趋势。人们会认为，在死者周围进行那些娱乐活动、发出那些笑声是不合时宜的。这种表现其实反映了生者在不自觉中试图让自己远离死者，而且尽可能地将人类这一令人尴尬的动物性层面藏在日常生活的面具之后。那些在墓地四周嬉闹的儿童，可能会被那些精心修剪草坪和花圃的墓地看守斥责，理由是缺乏对死者的敬畏。但当人们离开这个世界后，他们对自己是否被带着敬畏的心情去对待根本一无所知。萦绕葬礼或墓地的应该是庄严肃穆，人们在墓地周边应该保持安静，应该低声细语以免搅扰死者，所有这些其实都是让生者和死者保持距离的形式，是将靠近死者时感受到的威胁阻挡在外的手段。是生者要给死者敬畏的，他们有自己的一套理由。这其中有他们对死者和死亡的恐惧，但同时，它又会成为强化生者权力的手段。

9

甚至，"死者"这种表述的使用也是令人存疑、发人深省的。使用这种表述给人这样的印象，即死去的人在某种程度上依然存在——不仅存在于生者的记忆里，而且独立于他们之外而存在。但事实上死者不会继续存在，或者说，他们只会存在于当下或者未来活着的人的记忆中。特别是对于未来未知的世代，蕴含在死者成就与创造中的意义和价值是由那些现在活着的人传递给他们的。但是，人们通常并没有完全意识到这一点。恐惧死亡，毫无疑问是临终之人对那些自视为重要而有成就感的东西即将丧失或遭受破坏的恐惧。但是，那些被过去的人视为意义深远的东西，其中有哪些能够超越这些人自己的生命，对其他人也具有同样深刻的意义，只能由还未降临世间的人讨论决定。即使那些朴实简洁的墓碑也是这种讨论的一部分——也许一个路人会从这些被期待不朽的石碑上读到，这里埋葬着某个具体的人的父母、祖父母或者孩子。在不朽的墓碑上刻下的文字是死者向生者传递的模糊信息——这也许是一种模糊感觉的象征，即这是死者唯一存在于生者记忆中的方式。当记忆链条被切断，某个特定社会或人类社会自身的连续性被打断时，人们数千年来的丰功伟业，那些在他们看来极为重要的行为的意义，也同样灰飞烟灭。

今天，在某种程度上，我们依然很难描述人们彼此依赖的程度之深。一个人的行为的意义，体现在他对别人的意义之中，不仅是其对活着的人的意义，也包括对子孙后代的意义，所以他依赖于人类社会通过代际繁衍实现的连续性，必定是人类相互依赖性中最为本质的一部分，这种依赖既体现在后代对先人的依赖中，也体现在先人对后代的依赖中。但对这种依赖性的理解在今天会遭遇尤其多的阻碍，因为人们拒绝去直面个体（也包括其自身）生命的有限性，同时也拒绝直面个体即将面临的死亡，人们同样也拒绝将这种认知纳入他们的生活之中，即拒绝将其贯穿于一个人的工作、快乐，或者最终，贯穿在一个人对他人的态度和行为中。

一种很普遍的现象是，今天的人们将他们自身视为与他人全然隔绝的个体。个体最明智或者最能实现个人抱负的行动，就是去追求个人利益的最大化，且这种个人利益仍被视作与他人利益独立、不相关的。在那种情况下，生命中最重要的任务就变成了为个体找寻一种意义，一种独立于其他所有人的意义。无怪乎，那些追求此种意义之人往往会觉得自己的生活是荒谬的。就目前而言，很显然，人们要发现自己对他人的依赖——一种可能是相互的依赖，把自己看成代际链条上一段有限的链条，或一段火炬传递中最终要将手中火炬转交给他人的火炬手，并不是一件容易或者寻常的事。

然而，对个体生命有限性这一点的压抑或者隐藏，有时候并不是我们看起来的那样只是 20 世纪独有的现象。这种行为其实与人们对生命有限性的认知和对个体消亡的预知一样古老。在生物进化的过程中，我们可以假设，在人类群体中产生了这样一种知识，可以让他们将其他生物（其中一些可以被人类食用）的终结和自身联系起来。因为人类拥有其他生物都不具备的独一无二的想象能力，人类预先就知道这一结局乃是每一个人无从避免的结局。但也许从很早的时候开始，与这种对自身死亡预期相伴随的，就是对这一令人不快的意识的压抑，用一些更令人愉悦的概念铺设其上。在这一过程中，人类独特的想象能力于此功不可没。那些闪烁其词的认知与那些遮遮掩掩的幻想也因此可能是同一进化阶段的产物。今天，我们掌握了惊人的经验，我们无法再逃避这样的疑问：从长期来看，和那些未经修饰的质朴认知相比，这些顺从而臣服的幻梦是否给人类带来了不必要的或者危险的后果？

死亡，也即每个生命个体无法重复的有限性。在人的意识里，对此的隐藏和压抑，是一种非常古老的现象。但是随着时间的流逝，这种隐藏的模式发生了特定变化。在人类发展的早期阶段，集体性的一厢情愿的幻象是和死亡意识共处最主要的办法。当然，到今天它们依然扮演着重要的角色。群体性地希望或者说幻想在别处存在某种永生，可以降低个体对生命无常的恐惧。正因为对人性恐惧的掌控是一群人凌驾于另一群人之上的重要资本，以此为基础上，各式各样的统治结构得以建立并持续存在。随着近代社会个体化浪潮的普遍爆发，个人化的或者相对私密的关于不朽的幻想越来越频繁地从集体性幻想中脱胎成形。◆

◆ 我感觉，即使阿里耶斯对当代关于不朽的幻想有如此深入的研究，他
   却再一次未能公正评判我们现在关注的变化之结构，因为（转下页）

弗洛伊德一直相信他称之为"本我"的心理机制。这是人的心智中最动物性的、最接近物理性的一个层面，他几乎将它当作一个小孩来看待，这种心理机制相信自身是不朽的。但我不认为我们能够接受这种观点。

（接上页）他缺乏能够描述长期进程的理论模型，因此也缺乏关于个体化浪潮的概念。在写到今天的人关于不朽的幻想时，他带着明显的轻蔑，甚至是一种厌恶，生硬地将这些人与他认为的古代那种平静面对死亡的态度对立起来。他带着对同代人的明显批判，充满赞许地引用了索尔仁尼琴《癌症楼》里的一句话，是描述那些具有传统观念的人的："他们不反抗，不拒绝，也不吹嘘自己永远不会死"（*Studien zur Geschichte*, p. 25）。我不知道相较于古代人而言，现代人对死亡的反叛是否更加强烈。我认识的那些有着永生幻想的人，都很清楚自己所怀有的仅仅是幻想。无论如何，这里讨论的问题有相对清晰可辨的结构。在更早的时代，允诺个体永生的制度化集体幻想占据主导地位。这种制度化的建构和群体信仰对个体的帮助，会让他们几乎不可能发现这些概念都是幻象。今天，人们心中这些集体观念的力量在某种程度上已经衰减，所以个体对不朽的幻想，就如同我们今天所认同的，会逐渐涌现。关于长期进程的理论模型（正如在个体化浪潮的概念中所表达的）并非教条。拥有这种模型，一个人没有必要，也不可能去歪曲观测到的数据。这些模型是可以被修正的，而那种作为理论替代物的教条则是僵化且缺乏灵活性的。考虑到阿里耶斯如此渊博，我实在是不得不感到遗憾。如果他能说服自己，先入为主的教条会让学者们面对显而易见的结构（比如关于不朽幻想的结构变迁，从一个高度制度化的、集体的不朽幻想占主导的阶段，演变到个体性的、极度私人的不朽幻想变得强烈的阶段）也视而不见，那倒还可以。

在本我的层面上，一个人无法具有预见性，因此对他自身的死亡并没有预期。如果没有这层认知，关于个人不朽的补偿性观点就无法得到解释：它将几乎没有用武之地。弗洛伊德在这里将其归于本我冲动，这种冲动只着眼于此时此地，他们无法达成某种程度的思考。

弗洛伊德发现的很多其他幻想都是围绕着死亡意象展开的。我之前已经提到过罪恶感，以及认为死亡是罪恶的果报那种概念。我们能在多大程度上帮助到临终者，让他们减轻那种想象的（经常是幼稚的）犯罪惩罚产生的深层焦虑，仍是一个未解的问题。教会的宽恕和赦免系统展现的是一种本能的理解，频频将罪恶感－焦虑感与临终过程紧密相联，对此，弗洛伊德是第一个试图做出科学解释的人。

在此，我的任务并非要去追溯各种各样的与个体死亡和临终过程相关的幻想的动机。但一个人不可能完全忽略这样一种事实，即无论在普通人心中那种神秘的幻想世界里，还是在与今天的时代相应的个体幻想中，死亡的意象都与杀戮的意象紧密捆绑在一起。至少，在普通人眼里，那些显赫之辈的死亡都像是有人加诸死者身上的，类似于一种谋杀。这里面也往往包含了一种幸存者的感觉。他们不会就死亡的客观**原因**提出更超然的问题。每当其中伴随强烈的感情时，就会找到一个犯罪方。只有当他们知道这个人是谁时，他们才能寄希望于复仇，化解这场死亡带来的激情。他们不能对一个"客观的原因"复仇。此种冲动，在那些结构较简单的社会中将直接引导着人们的行动和思想，在一个更发达的社会，毫无疑问同样会影响成年人的行动。但在那样的情况下，它们通常不会直接影响人们的行为。在儿童身上情况也是如此，但是他们生理上的弱小经常能够掩盖他们对成人的激情冲动。更重要的是，幼小的孩童自己不能很好地区分行动的意愿和已经实现的行动，不能很好区分幻想和现实。仇恨和死亡愿望的无意识增长对他们而言拥有一种神奇的力量——想要为了杀戮而杀戮。我们社会中的儿童经常能够公开表达这种渴望。"那么我们就把爸爸扔进垃圾箱，"一个朋友的儿子带着明显欢快的口吻这么说，"然后盖上盖子。"如果他的父亲真的死掉的话，他也许会感觉内疚。另一个朋友的小女儿会向每个和她说话的人保证，她母亲病危需要"动刀子"，那并不是她的过错。

在这里，我们遇到了一个更深层次的问题，就是在面对临终者时今天的人们经常为此困扰的那种特殊的反感情绪，或者说（必须补充这一点）是临终者、坟墓或墓地对一些人具有的那种特殊的引力。后者的幻想可以这样概括："他们不是**我**杀的。"另一方面，临终者或者坟墓的近在咫尺有时候不仅会在人们心中唤起他们对自身死亡的恐惧，同时也唤起了那些原先被压抑的死亡愿望或罪恶感（焦虑感）我们可以从以下这些问题中窥见一斑："**我**会对他的死承担罪责吗？**我**是不是恨他恨到想要他死呢？"

即使在更发达的工业社会里，成年人们也会拥有一些离奇的经历，与关于疾病或死亡的非个人的、客观解释相左。父母的死带给成人的强烈震动便是这样的类似例子。这也许和孩子与父母之间或有着深刻情感纽带的人们之间那种深刻的认同有一定的关系，换句话说，这种认同也许和将他人的经历视作自身的一部分或者自身的延展有关。而我们几乎能在几乎各种各样的关系中发现这种失去同伴后认为他是"我的一部分"的感觉——结婚已久的夫妇之间、朋友之间、儿女之间，都是这样。在最后这种情况中，一个父亲或者母亲的死经常唤起深埋在心底或被遗忘许久的死亡愿望，还有与之伴随的罪恶感，以及某些情况下的受罚恐惧。这些强烈的感情也许会削弱个人不朽的补偿性幻想。

正如我之前所说，这些幻想随着近代社会个体化进程的急剧发展而变得愈加常见。然而，在我们的社会里，高度制度化的、集体的永生幻想毫无疑问只是受到极少的冲击。一本十分敏感的教科书描述了人们是如何向儿童解释某人的死的：

"你的祖父现在已经置身天堂。"——"你的妈妈现在在天上看着你。"——"你的妹妹现在变成了一个天使。"◆

这个例子显示了，我们的社会通过集体的一厢情愿（尤其向儿童）试图掩盖人类生命不可逆的有限性，并用一种严格的社会审查来确保这种隐瞒行为，而这种趋势是多么坚不可摧。

◆ *Religion, Bilder und Wörter*, ed. Hans-Dieter Bastian, Hana Rauschenberger, Dieter Stoodt and Klaus Wegenast, Düsseldorf, 1974, p. 121.

10

在另一个同样被复杂的社会规训所遮蔽的社会－生物领域，即性关系领域，近些年里也在发生一些值得关注的变化。这一领域中一些在过去被认为不证自明或不可或缺的文明壁垒已经被消解了。过去被视为绝对禁忌的行为，在今天也可以接受了。今天的社会可以更坦诚而公开，甚至可以和孩童们一起讨论性问题。性行为的隐秘性及与之相关的禁令，过去是充当国家或教会机构的统治工具，现在也逐渐让位于一种更公开、更符合实际的行为和言说方式，这在维多利亚时代是完全无法想象的。这一领域的开放也带来了新的问题，各种新的实验和新的答案层出不穷，无论在社会实践领域，还是在经验和理论研究领域。也许，这可以成功地、更加准确地定义社会规训在性领域的功能，即它们对个体发展和公共生活的功能。但确定无疑的是，一整套传统的性规范是在并非人为的文明进程中形成的，也只有在特定的霸权群体和特定的权力关系中（比如统治者和臣民、男性和女性，以及父母和孩子）才能发挥其效用。只有当一个群体是严格基于权力的原则组建时，它们才能以永恒的道德律令的形式出现，而当一个相对平等的权力分配体系出现时，这套说辞的效应或可信度也会大大降低。这也让人们能够在性领域体验其他的行为准则，进而尝试一种与更为均衡的共同生活的模式相匹配的自我控制的准则，这也会让在本能约束和本能实现之间抵达的平衡变得不那么令人沮丧。

对去功能化的性禁忌的松绑，在青少年教育以及成年人对青少年的态度中体现得尤为明显。在20世纪初，成人和儿童面对这一问题时，那堵沉默的墙几乎是无法逾越的。青少年之间的性关系一旦被发现，即会遭遇严厉的惩罚。性是充满隐私的领域，儿童们最多只能私下偷偷谈论，他们几乎不和大人，尤其是父母谈论这一点，更别提和老师沟通了。社会对性的遮蔽严厉、强力，未婚年轻男女的性冲动承载着巨大的社会压力和风险，当然也包括一旦成年人们未能按照社会规范的要求成功约束自身的性冲动时，他们即将遭遇的全方位压力。这一切都会让个体在某段时间里孤独地面对他们自身狂野的激情，也导致了青春期变得漫长，危机四伏，而人们通常又会认为这一阶段的矛盾和骚乱是自然注定的。今天，人们越来越清楚地意识到，青春期更多是一时的社会道德规范造成的。

与此同时，围绕在性周围的那种隐秘性也逐渐消退了。对家长和老师来说，与孩子们讨论性问题（一定程度上取决于年龄）而不违背社会禁忌，也不触发尴尬难堪，变得愈加可能了。当孩子们问起自己是从哪里来的时候，人们不再需要通过含糊的暗示或者无伤大雅的谎言来搪塞他们的问题。简而言之，在性这一人类社会生活的危险领域，社会控制的模式、社会实践和个人良知在 20 世纪都经历了深刻的变化。一种隐匿和压抑的策略（尤其体现在当权者与新生代之间的关系中），一种在那些已经习惯于此的人看来是不证自明且对人类社会的延续必不可少，也就是说，是天经地义的策略，在实践中被证明是一种有效的纽带，可以维系一个基于特定权力结构的社会。当这些权力结构的权力分配（不论是在统治者与被统治者之间，还是在不同的性别或代际之间）变得稍微更平等一点时，这种压抑策略也发生改变。在维多利亚时期那种对于性生活的强烈羞耻感多少有所消退后，社会并没有天下大乱，那种正式化的羞于谈性也逐渐被更公开的言论和行为所取代。

11

至于死亡,从 19 世纪开始,将死亡划为一片特殊领域,从而将它孤立、遮蔽,这种趋势不降反升。也许只有比较不同的社会发展阶段和不同的生物性 – 社会性危险区,人们才能意识到,社会生活不同领域的正式化和非正式化,以及诸多禁忌的兴衰是多么毫无规律可言——即使在人们的经验中，死亡的危险和本能的危险可能紧密相连。今天的人们在面对临终和死亡时，通常所表现出来的这种防卫性姿态及与此相伴的尴尬不安，完全可以和维多利亚时代的人们面对性生活时的态度相提并论。就性生活而言，人们的态度已经发生了虽然有限但显而易见的松动；社会性的压抑，也许还包括个体性的压抑，不再像过去那样死板僵硬，无处不在。但在临终和死亡的问题上，如果说过去和现在存在什么差别的话，今天它们带来的压抑和不安比过去要强烈得多。显然，将死亡带入公共视野，让人们轻松看待临终，这遭受的阻力比性领域大得多。

人们也许会认为，性与死亡这两者自身不同的危险程度是造成以上局面的原因之一。他们也许会说，不受约束的爱或者放纵无度的性，只是对人们构成部分性的，而非整体性的危险。强奸犯或在性事上受挫的人可能会对他人、对自身造成一定的威胁，但一般来说他们并不会因此丧命——生活还会继续。和这种类型的威胁相比，死亡构成的威胁是整体性的。死亡是人的彻底终结。所以对死亡祛魅化的强烈抵制，也许和人们体验到的危险程度不无干系。

但在思考这些问题时，我们不能忽略这样一个事实，即让人恐惧和害怕的，并非死亡本身，而是人们头脑中幻想的死亡画面。如果此时此地我即将毫无痛苦地死去，那根本不会让我有一丝一毫的恐惧。我将不复存在，也因此不会体验到恐惧。恐惧和害怕仅仅是生者在意识中面对死亡画像的产物。死者无喜亦无惧。

因此，在我们先前讨论过的人生的这两面之间有一种根本性联系。它很容易被忽视。性以及死亡，这两种生理性的事实都通过经验和行为，以一种特定的社会化方式被塑造了，也即与人性的发展和文明发展所处的阶段相吻合。每一个个体都以自己的方式遵循普遍的社会模式。如果我们意识到，决定人和死亡之间关系的最核心因素并非死亡的生理性过程，而是不断演化的、阶段性的死亡观念及其衍生出的诸多态度和立场，那么，死亡的社会学问题将大为缓解。至少，理解当代社会的一些特殊性，以及特定的人格结构，将变得容易很多，而这一切都与死亡意象的独特性，以及较发达社会里死亡压抑的本质和程度息息相关。

12

正如我们之前所讨论过的，当代社会的特征首先在于，这些社会中的个体寿命。在平均预期寿命是 75 岁的社会中，对于一个 20 岁乃至 30 岁的人而言，死亡远比平均寿命只有 40 岁的社会中处于相同年龄阶段的人显得遥不可及。这很容易理解，在前一种社会中，一个人生命的大部分时间能够避免思及死亡。◆即便在那些发达社会中，死亡的客观威胁始终是存在的，这是万物齐一的道理，但人们可能忘记这一点。对这些社会里相当一部分人而言，死亡如此遥不可及。在第二种情况下，在那些平均预期寿命较低的欠发达社会中，人们面临的不确定性更大。生命更短暂易逝，因而他们一直就拥有对死亡的风险意识，对死亡的思考也更为普遍，而用来应对这种生命焦虑（虽然多半秘不示人，但实际上更为激烈）的巫术，以及应对更大的不安全感所带来的各种宗教行为，就更加广为传播，无处不在。

在此相关，当代社会的第二个特征在于将死亡作为自然进程的最后阶段，并且这种体验通过医学技术的发展和提高卫生标准的举措而获得其重要的意义。自然进程是有序的，这个观念本身就是知识和社会发展到特定阶段才有的。这种关于自然的理念，在较为发达的社会里往往被视为理所当然，以至于我们几乎意识不到，我们面对自然灾难时的笃定在多大程度上受益于对自然法

◆ 但在这样的社会里，如果人们没有将死亡推开得如此遥远的话，也许交通事故会少很多。

根深蒂固的信仰。这是身处科学社会中的人的特征。既然我们将这份笃定与平和视为理所当然，或者将其看作人的理性的产物，我们经常无法理解，前科学时代的人们在面对我们（而不是他们）视为非人化的自然灾难时，体验到的那种巨大的不安全感。更发达社会里盛行的那种死亡所呈现的形象，和这种确定性的知识脱不了干系。人们非常肯定地意识到死亡终将降临，但他们也意识到这是自然进程的终局，这一点极大地纾解了他们的焦虑。对自然进程的残酷无情的认知，又因为他们知道在一定范围内，这种自然进程是可以被控制的而得到缓和。和以往任何时候相比，今天的我们可以寄望于通过医生的高超医术，抑或合理的饮食和药物治疗来延缓死亡的发生。人类历史上还从没有一个阶段像今天这样，社会的方方面面会如此持续不断地讨论那些可资利用延长寿命的科学方法。渴望长生不老，渴望青春永驻，这是非常古老的一种幻想。但也只有在今天，它们才获得了科学的或者伪科学的形式。对死亡的必然性的认知，被那种逐渐普遍化的通过药物和保险来延迟死亡的努力，以及祈祷这种努力可能成功的幻想所覆盖。

13

　　和当代社会以上结构性、经验性特征紧密联系在一起的，还有第三个特征，即当代社会相对较高水平的内部安定性。这一特征决定了死亡所呈现形象的共性以及人们对它的态度。而与这一点相伴随的事实是，当代社会里的人以一种非常特殊的方式面对死亡，想象死亡。

当他们试图想象这一过程时，他们可能第一个想到的是因为疾病或者高龄导致的身体虚弱，人们安宁祥和地在病榻上接受平静的死亡。强调死亡过程的自然属性，这样的死亡画面被视作正常的；而暴力的死亡，尤其是命丧他手的死亡，则变成了一种例外和犯罪。人们并没有清晰地认识到，其他社会中的人并不能像我们一样有免于他人暴力的人身安全。

因此，有必要说明，那些更为发达的社会中的人群享有相对较高的免于他人暴力的安全保护，以及将暴力死亡视为例外和罪行，并非是因为那些社会中的个人思考，而是源于一种非常特殊的社会组织方式——针对身体暴力的一种相对有效的垄断。这种垄断的局面并非一日两日就能实现，毋宁是漫长的、很大程度上并非计划性的发展的结果。在这种社会中，统治者只允许对受他们统治的群体使用暴力。在很多情况下，只有他们（警察和武装部队）有权携带武器而不受惩罚，并且在特定的情况下不受惩罚地使用它们。大体上，只是在最近的两三百年里，欧洲国家的各个机构及其衍生机构才实现了这种对暴力的有效垄断控制，从而使遏制愤怒情绪和驱逐人际关系中的暴力变得相对可能。这在今日的发达社会几乎是理所当然的。由此，隐含在商品生产和分配中的人际关系具有了经济关系的特质。对于那些通过劫掠、战争和蓄奴等形式的直接身体暴力来实现高压统治，进而决定商品生产和分配的地方，商品生产和分配过程并不包含我们所说的经济关系。因为这种过程几乎是不可预测的，且缺乏周期性、可量化的规律——而这种规律正是经济学的根本，也是非暴力的"经济"作为一个社会特定领域所固有的。

在缺乏垄断身体暴力的上述高度专业化机构的社会，尤其是那些尚武的社会，人对人的身体攻击是社会生活中再寻常不过的组成部分。即便不是所有的社会成员都如此，至少那些位高者在和他人相处的时候，会将武器视为不可或缺的配属之物。那些身体孱弱或残障之人连同老幼妇孺很大程度上还是被约束在家和城堡之中，或者说他们无法轻易离开其族人居住的村庄或城区，只有在受到特殊保护时，才会尝试去外部世界探险。

与那些高度组织化、工业化的社会相比，上述社会中的个体精神结构，其发展遵循的是一种不同的方向。随时准备着身体上的物理攻击或者防御，起码，对男人而言是如此。在与他人的血战中死去，不是什么意外的事。那种在床榻上寿终正寝，安静地离开，反而是意外的期望。在这里，我们可以注意到，人的习性，连带他们特有的观念（包括死亡所呈现的形象等在我们的社会中也被视为理所当然，甚至可能是一种普世的人类特征），实际上多么深地受到特殊社会结构的影响，而这些特性在漫长的社会演进过程中也只是缓慢地成形。

然而，即使在那些内部高度稳定的社会中，对寿终正寝的期盼也更像是一种幻象。更何况，在我们的时代，除去相当惊人的意外事故和谋杀的数据，那种通向暴力裁决的群体冲突也层出不穷，卷入冲突中的各方都相信只有杀死对手或牺牲自己族群中的一部分人，才能从根本上解决问题。这样的冲突经常被筹谋为暴力的生死决斗，即使在和平时期也是如此。

因此，在我们时代的诸多问题中，也许值得引起更多关注的是人们发现自己在从下面第一种情形向第二种情形过渡时的心理变迁：第一种是杀人被严禁和重罚，第二种是杀人（无论杀人的是国家、政党还是另外的群体）不仅被社会允许而且被明确要求。

我们如果要解释这种文明进程，说它将临终和死亡严厉地驱逐到社会生活的背面，并以强烈的窘迫感、严苛的语言禁忌对两者严防死守，那么，为严谨起见，应该补充关于欧洲两次大战以及可能更多的关于集中营的经历来说明，那种前脚禁止杀戮，后脚就坚决无所不用其极地将临终者和死者与正常社会生活隔离的意识，是何其脆弱。由国家（或派系或战团）基于自身的权威性集体教义和信条强制施加的外部约束机制一旦剧烈转向并召唤人们展开杀戮，对我们社会的死亡压抑发生作用的自我约束机制显然会比较迅速地解体。在两次世界大战中，大部分人心中曾有的那种对杀戮、对临终者和死者的敏感明显迅速灰飞烟灭。集中营里的个体是如何从心理上让自己适应身边每天发生的大屠杀，是一个开放性问题，需要我们更进一步思考研究。这一问题经常被另一个问题（谁应该为这样的大事件承担罪责和愧疚）所模糊。但从社会现实而言，从避免重蹈覆辙的角度来说，前一个更具事实性的问题尤为重要。而对该问题的那种陈词滥调的回答（"我是奉命如此"）于此体现了个体意识结构在多大程度上仍依附于国家这一外在的约束机制。

14

发达社会第四个值得讨论的特征就是他们高度的、有特殊模式的个体化。这决定了发达社会中死亡所呈现形象的特性。个体心中关于死亡的形象与他心中的自我形象，还有其所属社会中人的普遍形象紧密相关。在那些较为发达的社会中，人们一般会将自己看作本质上独立的个体，看作没有窗户的独立单元，抑或看作独立的"客体"。对他们而言，整个世界，包括所有其他的人类，都是作为一种"外部世界"存在的。看起来，他们的"内在世界"就像被一道无形的墙同这个"外部世界"其他人隔离开来。

上述自我即晚近文明阶段带有"封闭的人"（homo clausus）◆特性的自我形象。这种特殊的自我体验方式与一种同样特殊的体验方式密切相关，即一个人对自身死亡的预期，或许实际就是一个人自己的死亡过程。但对死亡的探究（与社会压抑不无关系）仍处于一种萌芽状态。如果我们要更好地理解将死之人的体验和经历，理解这种体验和经历与他们的生活方式和自我形象之间的关联，还有很长的路要走。借助诸如"神秘"或"虚无"等概念的帮助，存在主义哲学家们的著作隐晦地将一种"准唯我论"的人类形象投射到死亡身上。"荒诞派戏剧"同样如此。这种理论的倡导者也是隐晦地，有

◆ 1968 年，埃利亚斯提出"封闭的人"的概念，用来指代那些缺少与同类分享理念的"没有我们的我"，也挑战了之前的陷入主客二元论的认识论模型。从这个概念出发，他后又提出相对的"开放的人"（homines aperti）的概念。——译者注

时候则是直白地，从以下假定发端，即按照他们的理解，人的生命（也就是与世隔绝、彻底孤立的存在）必须要有一种意义，甚至是一种先在的意义，生命的意义只存在于其自身，其目的也是其自身。他们对意义的探寻，即是对一个完全孤立的个体者意义的探寻。当他们无法找寻到这样的意义时，在他们眼里人类的存在便失去了意义，他们会因此幻灭。而这种生命意义的虚无，在他们眼里最极致的表达，就是对凡人必有一死的认知。

我们很容易理解，一个相信自己的存在毫无意义的人同样也会毫无意义地死去。但这种对意义的理解，和这种概念从属的人类形象一样，容易将我们引入歧途。"意义"的范畴在这里也同样被打上了"封闭的人"形象的烙印。语言、各种数据，包括我们自己的生活，都能让人们拥有一种意义，这一独特的事实长期以来是诸多哲学思考的主题。但鲜有例外的是，这些思考试图假定意义的"主体"（在传统哲学的框架下）是一个存在于真空中的人，一个孤立的单子（monad），一个封闭的

"自我"，从一种普遍性更高的层面来说，是"孤立的人"，又或是普遍的意识，并试图借此解决意义的问题。无论有无明确表达，每个人作为一个孤立的单子，都被期盼必须拥有意义，而当这种意义无法找到时，其人就会哀叹人的存在毫无意义。

然而，意义的概念无法参照一个孤立的人或由此衍生的普遍性来理解。我们称之为"意义"的东西是由不同群体中以各种方式互相依赖并互相交流的人所构成的。"意义"是一种社会范畴，与此相关的主体是众多内在互相联系的人。在他们的沟通过程中，他们互相传递的信息（不同群体掌握不同的信息）开始具有了一种意义，首先是一种共同的意义。

使用同一种语言的人类群体可以被视为一个基本的模型，可以被当作讨论任何关于意义问题的一个起点。使用语言进行交流是人类独一无二的特点，就如人类对意义的渴望一样独特。没有任何其他生物会像人类这样交流，没有任何其他生物会将习得的、群体特有的意义附加于同样是习得的、群体特有的感觉模式之上，而感觉模式是交流的主要手段。在其他一切情况下，非习得的、物种特有的信息在交流中占主导地位。可以肯定的是，在人类中间，个体制造的声音形式在其他人眼里可能有某种"意义"。但只有在（也因为在）信号的发送者和接收者已经学会将特定声音形式的组合与同样的记忆形象，或者说同样的意义联系起来时，这些声音形式才具有其意义。在这种情况下，最基本的，"意义"具有的社会属性的形式才能清楚地展现自身。因此，一个说英语的人可以有这样的预期，当他说出诸如"现在几点了"这样的话时，另一个说英语的人可以将这种感觉模式跟与说话者相同的记忆形象联系在一起，并会用诸如"刚好四点一刻"这样合理承载了形象的声音形式予以回应。当你在巴黎的大街上用同样的声音组合发问时，别人可能会对你毫无反应，或者木然地看着你。在另外一种社会环境中，这些声音可能会变得毫无意义。每一个人从孩童时代就开始通过学习如何使用群体特有的象征密码，也即语言，来接收和发送信息，并借此与他人缔造紧密的联系。个体可以在一定范围内个别地改变这套密码，但如果他改得太多的话（个体特异性太强的话），或早或晚就会丧失科学方面的交流能力，因此也会丧失自身的意义。

一个人的生命所具有的意义与其言语所具有的意义存在共同之处：此人为其言语赋予的意义与他人为其言语赋予的意义无法分开，而此人为其生命赋予的意义与他人为其生命赋予的意义也无法分开。试图在一个人的生命中发现某种意义，而此意义独立于此人的生命对他人的意义，这纯属枉然。在社会生活实践中，以下两方面的内在联系是显而易见的：一方面是一个人感知到其生命对他人具有意义，一方面是他人对此人的生命具有意义。在这个层面上，我们通常不用费力就能理解，诸如"有意义"或"无意义"等这类指涉一个人生命的表达同此人的存在和行为于其他人的意义紧密相关。但在思考自我的时候，这种理解却非常轻易就消散了。在那种情况下，较发达社会里那些高度个人化的成员中间发酵着这样一种情绪，即每个人都是为了自我而存在，他们独立于其他个体，以及整个的"外在世界"。这种情绪往往会占上风，而这往往也和那种观念如影随形，即一个人（其自身）必须完全依靠自己获得自身的意义。这种传统的哲学思考模式依托于这种自我体验的方式及其最具代表性的表现形式，经常阻碍我们在更高的层次上思考实践层面一目了然的问题，即一个人对一个由他人与"客体"所构成世界的参与。

　　每一个人都依靠"外在的"植物和动物生存，他们呼吸"外在的"空气，观察到"外在的"光线和色彩。他生下来就有"外在的"父母和"外在的"爱恨情仇，他们会和"外在的"其他人变成朋友抑或仇敌。在社会层面上，这些被所有人视为理所当然。在更抽离的思考中，这些经验通常是被压抑的。发达社会的个体经常会认为自己是这样的存在，即其"内在自我"是完全独立于这个"外在世界"的。我们可以说，一种强大的哲学传统让这种虚幻的二分法变得正当化了。我们对意义的讨论也深深地受到影响。"意义"普遍被看作来自封闭个体的"内在世界"的信使。

将个体视为自治的存在，这种扭曲的个体形象，可能也体现了非常真实的孤独感和情感隔离。这种趋势是今天高度发达的社会中特定人格结构的一大特色，也是发达工业社会里普遍的人格结构。那些社会里的人在其成长过程中被牢固地灌输了自我控制的意识，以至于人们会将其当作一堵真实存在的高墙，阻断了我们的情感以及朝向他人的其他本能冲动，并最终消灭了这种冲动。

至此，我们首先通过生者的态度来审视临终孤独的问题。但这一点仍需要进行相应的补充。可以理解，在这样的社会，临终者自身的人格结构里也包含那种对孤独感和隔离感的趋向。当然这些也会因阶级、性别和代际的不同而存在差异。有人也许会假设，这样的趋向在学术圈子、中产阶级的圈子里往往比在工人阶级中来得更为普遍，同样，在男性中间也比在女性中间来得更为普遍。但目前这些结论尚只是揣测和推断，目的是让人们关注之前鲜少被触及的问题，使它们不至于被湮没。

同样，在这些普遍和平的社会中，公共生活要求对所有激烈的内在冲动进行一种无所不包且同质的控制，一种对弥漫的暴力情绪适度而有节制的抑制，其中也存在着人格结构的某些共同特征，而人格结构是超越阶级和其他群体差异的。无可否认，只有在与不同文明阶段的社会进行比较时，这些共同特征才能清晰地显现。这些共同特征包括：高度的个体化，对于所有强烈的本能或者情绪冲动的一种广泛而持续的压抑，以及一种对隔离的趋向。所有这些特征都伴随着这些人格结构发展到今天。

在临终者身上，我们同样能发现这种趋向。他们也许甘愿向其俯首称臣，或者仅仅因为自己正在死去而选择最后一次尝试翻越这座高墙。无论如何，他们比以往任何时候都需要感觉到自己对其他人而言并未失去意义——在某种程度上，对他们而言，过多表达同情也许和过度吝啬同情一样无法忍受。就类似我们所处的社会而言，如果谈论生者在面对临终者时受文明的影响而产生的嫌恶感与缄默时，不同时提及临终者在面对生者时可能产生的窘迫感与缄默，这是有失恰当的。

15

　　如果我们忽视肇始于文艺复兴时代并绵延至今的强大的个体化浪潮，我们将无法理解发达社会中临终的特殊性和死亡体验的特殊性。在早期阶段，它通过欢欣的生和落寞的死的对立观念获得表达——比如，在奥皮茨的诗句中：

如果我于世界只有微渺的遗赠，

仍可满斟一杯高贵的琼浆，

偕我友伴欢歌纵饮，

即便我将孤身赴死。 ◆

这种"孤身一人"的意识，这种一个人能与他人分享快乐但必须独自面对自身死亡的意识，在今天看来几乎是自明的真理，人们将其视作所有时空人类共有的体验。然而，这种观念也并非属于人类历史的所有阶段，与之相比更普遍的是人们千辛万苦探寻自身为何定要死亡。在公元前2000年左右诞生的苏美尔史诗《吉尔伽美什》中，后者就占据着核心位置。相形之下，那种必须**孤身**赴死的观念是伴随个体化和自我意识出现的，实际上是相对晚近的社会发展阶段的特征。

这种"孤身一人"的意识也指向一套完整的内在交织的意义体系。它可以指代这样一种预期，即一个人无

◆ Martin Opitz, *Weltliche Poemata 1644*. Oden oder Gesänge XVIII.

法与其他任何人分享自己走向死亡的过程，它同时也可以表达这样一种感觉，即随着我们走向死亡，我们作为个体拥有的小世界，连带其拥有的独特的记忆和感觉，以及只有为我们自身所了解的经验、知识和梦想，将可能永远湮灭。它也可以表达那种情感，当我们走向死亡时，会感觉自己被那些我们对其有情感依赖的人所抛弃。不管怎样强调，这种死之孤独的信条在现代社会出现得比以往任何社会阶段都要频繁。这是在处于某个特定阶段的人们中反复出现的经验形式，而在这样的历史阶段中，一个人作为一个完全自主的存在（他不仅独一无二，而且孑然独立，不依附于任何人而存在）这样的个人形象变得越来越清晰、明显。而现代社会对一个人必须孤独死去这一概念的特殊强调，也和这一社会阶段不断强调人是独立生存的生物相一致。同样，从这个角度来说，个体死亡的形象与个体自身的形象，个体生活的形象以及这种生活的本质形象，有着紧密的联系。

托尔斯泰在一篇稍显隐晦的短篇小说《主与仆》

中，对比了一个农民起家的商人之死和他身为农民的仆人之死。商人这辈子可谓能干事的人，勤勤恳恳，汲汲营营，唯利是求，和对手争长竞短。仆人尼基塔的薪水经常被主人做手脚，他一直听天由命，既来之则安之，因为别无选择。对他而言，这辈子的生活没有出路，没有拯救的可能——除了伏特加。他时常酩酊大醉不省人事，这个时候往往会变得非常粗野，富有攻击性。而当他清醒的时候，他对主人谦恭耐心，有求必应，忠心耿耿。他们在一场暴风雪中往雪橇上套了一匹骏马并肩出门。有一笔交易在不远处的村庄等着主人去洽谈，而他不愿意让自己的竞争对手买到那批木头。一路上雪越下越密，他们几乎迷了路，最后在夜里，他们陷进沟中，慢慢被雪压死。按照当地的做法，他们试着往一个长杆上套了一面类似旗子的东西，这样第二天他们就能被人挖出来。几乎直到一切快要结束的时候，这个主人的心态还是非常积极的，他拼尽了全力。他梦想着自己已经拥有的一切，还有他必须去做的一切，当他注意到自己的仆人已经奄奄一息时，打起了一点精神，趴到仆人身上试图用自己的皮大衣给他取暖。渐渐地，他入梦了，也被冻死了。尼基塔，他的仆人，温柔地、毫无抵抗地向死亡低头：

> 想到自己可能也要在今晚死去，他整个人激越起来，但他不为此痛苦，也不觉得有什么好可怕的。因为他一生中算得上满足欢乐的日子屈指可数，更多的则是那些生不如死的日子，他已经受够了没完没了做牛做马。

托尔斯泰描绘了这个卖苦力的男人对他那市侩主人的习惯性顺从（这种奉献也许只有那匹鞠躬尽瘁的马可以媲美了）同时也描绘了这个男人对上帝的虔诚。因此，可以说他毫不隐晦地说明了一个人的生活方式和死亡方式之间的关联。◆

◆ 为补充说明阿里耶斯观察到的、俄国文学中体现的俄国农民面对死亡的镇定和平静，以上这段引用其实颇具深意。它清楚地反映了生与死之间的关联——这一点其实是阿里耶斯本人忽略的。

对于那个主人而言，商人对成功、生活以及幸存的挣扎和奋斗本身，就拥有很多的意义和价值。他的心态一直很积极，在他自己被冻死之前他一直试图让他的仆人、他的贴心帮手活下去。而对那个仆人而言，生活已经给予他足够多的劳役、苦工和压迫，但从来没有给予他属于自己的一个任务或者目标。他梦到自己缓缓走向死亡，但却靠着主人身体的庇护和温暖的大衣而死里逃生——按托尔斯泰所写的。

一个人的死亡方式不只取决于他能否设定自己的目标和任务，取决于他实现目标和完成任务的程度，它同样取决于临终之人感到自己的生命充实而有意义——或空虚而无意义的程度。造成这种感觉的原因并不总是清晰的——这仍然是一片有待探察的开放领域。但是无论这种感觉的成因如何，我们或许可以假设，对于那些认为自己已经做了应做之事的人来说，死亡更容易面对；对于那些认为自己一生庸庸碌碌随波逐流的人来说，死亡更难以面对；而对于那些认为自己的死亡本身毫无意义的人来说，死亡尤其难以面对——不管他们的生命是否充实。

有意义的死亡，无意义的临终——这些概念也导致了另一些可能很少被公众思考的问题。在某种程度上，之所以有这样的结果也是因为，人们非常容易把这些问题与另一个在形式上几乎与它完全一致但意义截然不同的问题混淆起来。如果我们想说某个人一辈子不过是徒劳，我们可能会举例说他在思考人生的意义。而这个例子里的"徒劳"则来自这样一个事实，即这个人在为人类的生活寻找一种形而上学的意义，这种意义是从外在施加于个体的，不管这种意义是来自他者还是外在的自然。但是这样一种形而上学意义，至多只能成为一种哲学思考的对象；在思考这种意义时，一个人可以天马行空地释放自己的愿望和幻想——而对这一问题的回答无外乎是一些随意的虚构。这些回答的内容既不能被证实，也不能被证伪。

但我们在这里讨论的这种意义，是一种不同的东西。人们会认为自己的经历是有意义的或者无意义的，同样，他们会认为一些发生在自己身上的事自有其道理，而另一些则毫无道理可言。我们在这里讨论的正是这种经验具有的意义。假设有一个 30 岁的男人，他有两个幼小的孩子，和妻子相亲相爱。如果他因为遇到了一个走错道的司机，在一场高速公路车祸中不幸身亡，我们会说这种死亡毫无意义。不是因为这个死去的男人并没有实现他预定的超出人类自身的意义，而是因为一个与受创家庭无关的另一个司机的生命在顷刻之间，就好像从外部偶然地终结了、摧毁了这个男人的生命，连带摧毁了他的目标和计划，以及那种生而为人幸福且稳固的感觉，也因此摧毁了对这个家庭来说非同寻常的某种东西。那就是期待、希望和快乐，不仅是死者的，而且是他活下来的妻子儿女的。对于这个家庭中的成员而言，这种社会环境和群体生活可以提供高度正向的价值。如果某种东西对一个人的生命具备这样的功能，而一个事件提升或强化了这种功能，我们就会说这一事件对他而言是有意义的。相反，如果对个体或群体有功用性的东西不复存在，永远无法实现或者遭到破坏，我们就会断定这是一种意义的丧失。

在这里我们对意义的本质和"生命的意义"所能进行的有限讨论，也许对理解临终者面临的一个特殊问题并非全无价值。正如我们所观察到的，个人意义的实现，很大程度上与一个人在其生命历程中实现的对他人的意义密切相关，不管是通过其自身，还是通过其行为或工作。今天，人们在试图关怀那些临终者时首先会做的，就是减轻他们的痛苦，或者让他们的身体享受最大程度的舒适。他们试图通过这些努力表明，他们依然将对方当作一个人来恭敬对待。但可以理解的是，在那些人满为患的医院里，这种努力经常会显得有点机械化，没有任何人情味可言。在今天，即使是那些家庭成员，在面临这种相对陌生的情况时，也找不到合适的词去安慰那些将要死去的人。要给那些迈向自己人生终点的人指出，他们并没有丧失他们对于其他人的意义，这并不容易。

如果一个人真的变得对他人毫无意义，如果一个人在走向死亡时，感觉自己虽然还活着，但他对别人而言已经变得根本不重要，那这个人就会陷入真正的孤独。正是这种形式的孤独，在我们今天拥有诸多的例证，有些非常普遍，有些则极端而少见。孤独这个概念所指涉的范围可以说很广泛。它可以指代那些渴望对他人投射爱的人，他们在很早的时候遭受创伤和困扰，之后在对他人进行爱的投射时，很难不想到自己之前的创伤，很难不感受到这份渴望先前带给他们的那种痛苦。几乎不自觉地，这些受过剧烈打击的人会选择不向他人袒露自己的感情。这是孤独的一种形式。孤独的另外一种形式从狭义上说是社会性的，只有在人们处于某种环境中，或者他们的身份地位不允许他们去认识那些他们感觉需要的人时，这种形式的孤独就会出现。在这样的例子以及其他很多相关例子中，孤独的概念指的是一个人出于这样那样的原因被遗弃了。这样的人虽然可能身处其他人中间，但其他人对他们而言没有任何情感的意义。

但这些还不是全部。孤独这个概念同样也可以用来形容一个人身处众人之中却感觉自己对他们不再有任何重要性可言，自己存在与否，对其他人而言，没有任何分别，那些人也切断了和这个人之间最后的感情纽带。流浪者、酗酒者就属于这一群体，他们坐在门口，被路过的行人熟视无睹。独裁者的监狱和行刑房也说明了这种形式的孤独——在那里，不分老幼妇孺，所有人被迫脱得赤条条的，被那些对他们已经完全麻木、丧失最后的同情和怜悯的同类们驱赶着走向死亡。而且，这些被无助地赶向死亡的人也是被偶然聚集在一起的，相互之间完全陌生，他们中的每一个人，身处在他人中间，体验到的却是极端的、程度最高的孤独。

　　这种极端的例子也许可以提醒我们，人之于人的意义有多么根本，有多么无法比拟。它同样也表明了，当一个临终者（还活着）被迫感觉到自己已被驱逐出生者共同体时，这意味着什么。

16

死不可怕。人陷入梦境，世界消失了——如果一切都顺利的话。可怕的是临终的疼痛，以及生者的痛失所爱。对此，并没有任何已知的疗愈和解决办法。我们是彼此的一部分。围绕死亡的那种集体和个人的幻想经常是可怖的。其结果是，很多人，尤其当他们年岁渐长时，会隐秘或者公开地生活在对死亡的恐惧中。这样的死亡幻想与恐惧所造成的痛苦，可能与一具日渐衰朽的肉体所产生的生理性疼痛一样多。一个人如果在很年轻的时候死去，还没有来得及为自己的生活找到一个意义，还没有品尝到生活的甘美，这便是可怕的。流落在一片蛮荒之地的那些男男女女，还有儿童，他们忍饥挨饿，死亡却不慌不忙，这也一样可怕。围绕着死亡，有太多可怖的东西。人要如何行动，才能让彼此享有舒适、平和的临终过程，这些还有待发现。将会继续活下去的那些人的友善，临终者没有令生者局促不安的那种感觉，当然也是其中必要的部分。社会压抑以及今天围绕着死亡的那种令人不安的遮遮掩掩的面具，对于我们来说基本毫无用处。也许我们应该更开放、更清晰地讨论死亡，即使这种方式意味着不再将死亡当成一种神秘的禁忌来看待。死亡毫无秘密可言。它也不会通向另外的地方。它是一个人的终结。而这个人遗留在世间的，只有他馈赠给他者的东西，以及留存在他们心中的记忆。如果人类消失了，那所有人类曾经为之拼搏奋斗的一切，他们为之生活或彼此抗争的一切，包括所有世俗的或超自然的信仰系统，都会变得毫无意义。

衰老和死亡：

一些社会学问题

Postscript

Ageing and Dying:

Some Sociological Problems

1

　　我现在是老了。但在我更年轻的时候有过一次经历，让我印象很深。我去参加剑桥一个著名心理学家的讲座。一个非常老的老人，拖着沉重的步子走进门来，举步维艰。当时我就忍不住想，他为什么要那样走路呢？为什么他就不能像一个正常人那样走路呢？我立刻纠正了自己的这种想法。他这样做是身不由己，我告诉自己。他太老了。

年轻时的我对一个老人的那种即时反应，可能就是今天（或者更早时候）处于正常年龄段的健康人看到老年人时心中激起的那种反应。他们知道，即便是身体算得上健康的老年人，也没办法像其他年龄组（儿童除外）的人那样正常走路。他们知道这一点，但这只是一种遥远的、并不切身的感受。他们无法想象那样一种局面，即他们自己的双腿或躯干无法正常遵循他们的意志。

我在这里故意使用了"正常"这个词。那些在年老时经历身体变化的人经常会被人不自觉地视为对社会规范的偏离。其他可以被归入正常年龄组的人经常不具备那种共情能力，不能对老年人在衰老过程中的经历感同身受——这一点也是可以理解的。对于那些相对年轻的人来说，他们自身的经历无法支撑他们去想象，当自己的肌肉逐渐变得僵硬，身体变得肥胖臃肿，结缔组织增生，细胞生长更新也变得缓慢是怎样一种感觉。在科学领域，这种生理过程是人所共知的，在某种程度上也获得了深刻的理解。这样主题的文学也不少。但在这些文学里，很少提到也鲜少去理解衰老的体验本身。这个话题相对而言较少被讨论。那些还没有上年纪（或者说暂时没有年老）的人如何对待长者，这个问题当然很重要，并不仅仅体现在他们给予老年人何种医疗救助，而是要更深刻地理解衰老过程中的诸多体验，同样也要更深刻地理解死亡。但是，正如我之前已经论述的，这其中很明显存在很多共情的障碍。去想象自身如此新鲜、如此惬意自足的躯体会变得迟钝、疲惫而臃肿，并不是一件很容易的事。一个人可能无法想象这一点，从根本上也不愿意如此。换句话说，要认同老年人和临终者，对其他年龄组的人而言有其特殊的难度。无论有意识与否，人们会尽最大的努力不去想自己会老，会死。

这种抵抗和压抑（我之后会回来论述这其中的原因）在发达社会中可能比欠发达社会明显得多。现在我也已到耄耋之年，我知道，从另一方面来说，人们（青年人和中年人）要理解老年人身处的境况和体验是何等困难。我的很多朋友、熟人会对我说一些善意的话，比如，"天啊！你是如何保养得这么健康的？根本不像你的年纪！"或"你**还在**游泳？太惊人了！"。人们会感觉自己像是一个走钢丝的表演者，深知自己的生活方式所具有的风险，他同样也很清楚自己会抵达钢丝另一端的梯子，在他认为合适的时间悄悄回到地面。但是那些在下方仰视他的人们知道他随时有可能从空中坠落，他们紧张地、略带恐惧地看着他。

我想起了自己的另一次经历，可以用来说明年轻人对老年人是如何缺乏同理心。当时我去德国的一所大学拜访一位教授，被他的一位风华正茂的同事邀请赴宴。宴会开始前有一道开胃酒，他邀请我坐到一张非常低矮的充满现代感的帆布椅上。他的妻子招呼我们聚到餐桌边。我站起来。他非常惊讶地甚至可能带点失望地看着我。"好吧，你身体还很棒，"他说，"不久之前我们邀请老普莱斯纳◆来用餐。他和你一样坐在那把矮椅子上，

◆ 赫尔穆特·普莱斯纳（Helmuth Plessner, 1892—1985），德国哲学家、社会学家，20世纪哲学人类学的创始人之一。他的出身背景和人生经历与埃利亚斯有相似之处。——译者注

但他没法站起来，试了一遍又一遍，最后我们不得不扶他站起来。"他笑得前仰后合，"哈哈哈哈哈！他再也没法自己站起来！"这个主人笑得浑身发颤。很明显，在这个故事里，年轻人与年长者之间恐怕很难产生共情。

那种感觉（"也许有一天我自己也会老去"）有可能是完全缺失的。剩下的只有那种完全无意识地对自身优越感的沾沾自喜，还有年轻人相较于年长者所拥有的那种权力。对无助的老人的嘲讽和挪揄，对丑陋的老年男性和女性的反感厌恶，这其中所包含的那种残酷，现在也许要比过去轻一些，但从未消失。这和人们年老时或临终之际，人与人之间关系所发生的标志性转变密切相关：当他们年纪渐长，他们在年轻人面前有可能，或者事实上将变得越来越弱小。他们对别人的依赖变得愈加明显。人们在步入老年时，如何与自己益愈加深的对他人的依赖，以及自身力量的消亡共处，其结果因人而异。整体上这取决于他们的生活，还有他们自身的人格结构。如果我们记得老年人的一些行为，尤其是一些怪异的举动，和他们对自身丧失力量以及对依赖的恐惧，尤其是害怕自己失去自控力的恐惧密切相关，这一点可能会对我们有所帮助。

针对这种情况，有一种适应方式就是复归婴幼儿行为模式。我无法确定，这种婴幼儿行为模式在老年人身上的重现，仅仅是机体退化的症状，还是他们在面对一种与日俱增的脆弱性时无意识地逃离，从而复制童年早期行为模式的结果。不管怎么说，这同样代表了一种对完全依赖性情境的适应，这种依赖性有其内在的痛苦，但同样也有带来满足感的部分。事实是，在很多老年人的家里，很多人需要像小孩子那样被人喂食，需要有人为他们拿好便壶，需要有人帮他们洗澡清理。他们同样也会像小孩子一样对权力进行抗辩和斗争。一个对他们稍微有点苛责的夜班护士可能整晚都会被每小时响一次的闹铃吵醒。这只是众多例子中的一个。它们说明我们很难理解老年人的经历，**除非我们意识到，衰老总是会让一个人在社会中的位置，让他与其他人的整个关系，**

发生根本性的改变。当一个人到六七十岁，或者八九十岁时，他们的权力和地位（或快或慢，或早或晚）都会发生变化。

2

在年老者和临终者（尤其是临终者）与他人之间关系的情感方面，同样如此。受主题和时间限制，我将论述的重点放在这种变化的一个方面，即在我们的社会中，对年老者与临终者屡见不鲜的隔绝。正如我在本书开头所说的，我关心的并非诊断年老者和临终者的生理症状——这些总是并非完全恰当地被描述为客观症状，而是诊断年老者和临终者自身的"主观"体验。我想为传统的医学诊断增添一种社会学的诊断，这种诊断聚焦于年老者和临终者被隔离后产生的危险。

在这个方面，人们可以发现在当下的工业社会和前工业社会（也即中世纪或早期工业社会）中，年老者和临终者的地位有着显著的差别。在前工业社会，绝大多数的人口都居住在乡村，他们的生活仰赖于对土地的耕作，还有放牧，也就是说，农民和农场劳工占了人口的绝大多数，照看年老者和临终者是每个家庭的义务。当然，这种照顾可能是体贴温柔的，也可能是残暴冷酷的，但是这些社会中的年老者和临终者与发达社会中同样的群体之间存在着结构性的差异。我可以列举两个差异。那些身体逐渐衰退的老年人一般会住在大家庭的生活空间范围之内，当然有时候和年轻的家庭成员之间也会有不小的纷争，但普遍来说他们基本都会死在家庭区域里。相应的，同城市化的工业社会相比，前工业社会中任何与衰老和死亡相关的事务都会更加公开，当然这两种不同的方式都诞生于特定的社会传统。凡事都在大家庭内部（有的情况是在社区内部）变得更公开化，这一事实并不必然意味着年老者和临终者得到的都是体贴善意的照顾。毫无疑问，对年轻一代而言，在他们逐渐获得权力的过程中，非常恶劣甚至残酷地对待老年人，并非稀奇现象。但国家也不会费心插手这些事务。

今天，在发达社会中，国家像保护其他任何公民一样，保护年老者和临终者免于明显的身体暴力伤害。但与此同时，人们一旦开始变老变弱，就会和社会，和他们的家庭、熟人圈子越来越隔离。越来越多的机构开始出现，那些之前彼此并不相识的老年人居住在了一起。即使我们的社会是如此高度个体化，大多数人仍然在退休之前不仅和自己的家人，而且和或大或小的朋友熟人圈子建立了情感的纽带。衰老自身就会让最狭窄的家庭圈子之外那些情感纽带日渐萎缩。除了那些已经结婚多年的老年夫妻，住进一家养老院通常不仅意味着最终切断了过往所有的情感纽带，而且意味着个人将和那些并无积极情感关系的人生活在一起。那里的医生或护士所能提供的生理上的照料也许很好，但同时，老年人也被从正常的生活中隔离了出去，只能与陌生人聚集，对个体来说，这就意味着孤独。

我在这里并不仅仅关注他们的性需求（人在高龄时仍有非常强烈的性需求，尤其对男性群体而言），而且关注那些喜欢陪伴彼此的人（即那些彼此有特殊依恋的人）之间存在的那种情感效价（emotional valencies）。这种类型的关系同样会伴随老年人入住养老院而衰减，他们在其中也找不到替代物。很多养老院因此成了孤独的沙漠。

3

如果我们将晚近社会中处理死亡事宜的流程和面对死亡的普遍态度同欠发达社会相比较，我们就会清晰看到发达工业社会里临终具有的这种特殊性。其中，情感隔离是最主要特征之一。所有人都很熟悉早期的那些画面，全体家庭成员（女人、男人和孩子们）都聚集在即将告别人世的女性家长或者男性家长的卧榻之前。这可能是一种浪漫的想象。那种境况中的家人事实上可能非常傲慢、粗鲁和冷漠。有钱人可能无法如他们的后代所期待的那样迅速死掉。穷人可能躺在自己的秽物里慢慢饿死。可以说，在20世纪之前，甚至在19世纪之前，大多数人死去时，身边都有他人在场，只是因为人们还不像今天这样习惯独自生活。而且，并没有足够的房间可以允许一个人独自待着。早期社会里，临终者和死者并不像晚近社会中这样普遍地与公共生活严格隔离。这种早期社会在经济上也更为贫穷，他们也不像晚近社会这样拥有健全的卫生制度。欧洲大陆频繁被大瘟疫洗劫，从13世纪开始，直到20世纪，基本上每个世纪都要爆发几次大瘟疫，人们只有到20世纪才至少开始学习如何应对。

4

要后来人去想象先前人的生活并非易事，所以后来人其实也无法正确理解自身的处境，或者自己。真相就是，早期社会里关于死亡及其成因的知识储备，不仅非常有限，而且远远没有今天来得可靠。当人们缺乏对现实可靠的认知，他们自己也会暴露在更大的不安全感当中；他们更容易激动，也更容易恐慌；他们通过幻想的知识来弥补自己对现实认识的鸿沟；同样，他们也试图通过各种幻想的手段来缓和自己对无法解释的危险的恐惧。所以先前的人试图用护身符、祭献、控诉水井投毒者和女巫，甚至是自身的原罪，作为平定自身狂躁情绪的手段，以对抗周期性的瘟疫。

当然，那些患上不治之症或者因其他缘故走向死亡的人，会听到自己内心的一种声音，说这都是他们亲属的错，或是对他们自身罪过的惩罚。这种情况当下仍然存在。但今天，这些个人幻想不大可能被误认为真实的公共知识，人们通常会认识到它们是个人幻想。对疾病、衰老和死亡成因的认知越来越可靠，越来越全面。符合现实的知识增长在改变人类感受与行为方面发挥了作用，对致命大瘟疫的控制仅仅是其中诸多例证之一。

5

通过幻想得出解释是颇令人激动的。将它的这种退出（或者用马克斯·韦伯相当情绪性的表述，这种"世界的祛魅"）看作一种理性化过程，也许多少会引起些误导。不管这个术语如何被使用，它都在暗示最后是人类的"理性"发生了变化；它似乎也在暗示，现在的人比过去的人日益趋于理性化，通俗点说，变得更加明智了。这种自我评价显然和事实相去甚远。我们只有意识到这其中蕴含的一种变化，即事实导向的社会知识（能给人带来安全感的知识）有所增长，我们才能开始理解诸如"理性化"这类概念所指代的变化。现实型知识不断扩张，幻想型知识相应不断萎缩，与此同步的是有效控制多种状况能力的增强。这些状况可以是于人有益的，也有可以是对人构成威胁和风险的。衰老和死亡就属于后者。如果我们尝试理解，在这些领域，更加现实导向的知识对人类的控制力有多么关键的影响，我们就会遇到奇怪的一幕。

在过去两百年里，社会上积累的关于衰老和死亡的生物学知识获得了惊人的增长。这两个领域的知识本身变得根基日益稳固、更加符合现实。随着这种知识的增长，我们的控制力也越来越强大。但是在生物学层面上，当我们试图将人类对衰老和死亡的控制往更深处推进时，我们似乎就遭遇了一个完全无法逾越的障碍。这不时提醒我们，和自然宇宙的伟力比起来，人类所拥有的力量仍有一定限度。

生物学知识的进步使大幅度提高个体寿命预期变得可能。但是无论我们怎么努力，不管是借助医疗和药物的进步，还是我们越来越有能力延长个体寿命、降低衰老和死亡本身带来的痛苦，个体的死亡仍和其他诸多事件一样，揭示了人类日益强大地控制自然时仍面临的局限。毫无疑问，在很多领域，这类控制之广泛令人难以置信，但这并不意味着人类驾驭自然事件时可以不受任何束缚。

就目前已知的来看，这样的结论并不适用于人类生活的社会层面。在这个领域，人类欲实现的目标目前看不到任何绝对的限制，而且遇到这种限制的可能性也微乎其微。但在扩张自己的知识和控制力时，人们必定会遇到很多艰难险阻，足以摧毁他们的努力，让他们倒退几百年甚至上千年，即使这些艰难险阻绝非不可跨越。人类行动的绝对障碍存在于宇宙的前人类阶段——我们称之为"自然"。但在使用"社会"和"个体"这种概念指称的人类 - 社会阶段，这些障碍仅存在于这样的情况，即上述阶段将不可教化的自然也包含在内，或者其本身内嵌于这种自然之内。

这些障碍目前正对"人类至上"和人们控制自身事务造成严重妨害，但绝不是不可逾越的。在此我要顺便提到其中的两个。第一是那种被普遍视为不证自明的价值的等级。"自然"，也即人类存在之前的非人为事件范畴，其中包含的价值远远高于人类自身构建和创造的"文化"或"社会"。"自然"的永恒秩序令人敬畏，且和人类社会的混乱、不稳定形成对照。很多人成年以后仍在在寻找一个接近父亲或母亲的形象，寻找可以牵起他们的手为他们指引方向的人。"自然"便是这些形象中的一个。人们假定自然的一切作为，以及任何"自然"的东西，对人类都是良善的、有益的。牛顿描述的那个和谐而规律的"自然"，可以在康德对我们头顶的星空和我们心中的道德律的崇拜中得到表达。但是牛顿描摹的"自然"的美丽画面已经是过去式了。我们很轻易就忘记了,"自然"的概念如今等同于宇宙学家们认为属于宇宙演化的东西——无目的的膨胀扩张,不计其数的太阳和星系的诞生和灭亡,还有吞噬光的"黑洞"。不管我们是用"秩序"还是"偶然"抑或"混沌"来描述它,背后其实都是一回事。

同样,说自然事件对人类是有利或有害,并没有多少意义。"自然"是没有意向的,它并没有什么目标,完全是无目的的。浩渺宇宙,唯一能够树立目标、创造并赋予意义的,只有人类自身。但对很多人而言,决定何种目标是人类应当追求的,何种计划和行为对人类来说具有或没有意义,这样的重担落到自己肩上,他们仍然是无法想象。他们永远在寻找一个人,一个制定规则决定他们应当如何生活,决定什么样的生活对他们来说是有意义的人,来替他们承担起这样的重负。他们所期待的,是一个外部的、预定的意义;可能的情况是,他们自己,最终是人类全体,创造了一种能指引他们生活的意义。

　　人类的成长是一个艰巨的过程。学习期很长，严重的错误无法避免。在学习的过程中，自我毁灭和外部生存条件消亡的风险都是巨大的。但这种危险只会因为那些自视为婴儿的人类的存在而愈加严重，对于那些人而言，他们唯一能做的就是让别人为他们承担全部。认为自然（如果其拥有自主状态的话）会对人类及其公共生活做正确的决定，这种观念本身就是一个例子。它证明了，那些只有人类能做出的决定及其责任，是如何被推到一个想象的母亲的形象（"自然"）那里去的。但将这些托付给自然是吉凶未卜的。人类对自然的探索无疑布满危险，但人类可以从自身的错误中学习，非人类的自然进程则不具备思考的能力。同样可以确定的是，人类社会自身就是自然演化过程中的一个阶段。但是这个阶段和此前所有的阶段都截然不同，因为人类可以根据集体或个人的经验，也即学习过程来改变自身的行为和感受。人类这种适应性比其他生物都要来得广泛，而且独一无二。这种改变的能力对于人类而言应该是极为珍贵的。但人类对不朽的渴望同样也会将他们引入歧途，将他们引向那些不朽的象征，比如在他们想象里恒定不变、至高无上的"自然"，而不是让他们面对真实的自身，面对自己所处的集体生活，面对人类对"自然"、对"社会"、对其自身进行的控制的程度和模式的变化。也许，也许读到这里时，他们仍然会对这种探索所带来的必然的价值重估感到抵触。这是我所指的障碍之一。

第二个我想例举的障碍和人们在现阶段无法具备的认识相关。人们无法意识到，在他们自己与他人共同建构的现实范畴中，长期且非计划性但有其特定结构和方向的变化正在发生，而这些进程和无法控制的自然进程一样，正将他们不由自主地推向某个方向。由于他们无法认识类似这种非计划性的社会进程，因而无法对此做出解释，也没有合适的手段介入或者控制它们。能反映现今的人们无法认识这种非计划性进程的例子就是，他们一再被卷入战争。◆很多国家已经高度文明化了，杀

◆ 在此我只能顺带一提，不同国家之间自由竞争的动态变迁，以及我在拙著《文明的进程》第二卷中讨论过的"垄断机制"是通向战争的决定性因素。

戮他人并不能给其内部成员带来特别的愉悦，而且其内部成员在战争中死去也不再是一件多么荣耀高尚的事。同理，今天的人们无助地面对战争的风险，和更早之前的人们无助地面对河道溃堤导致的无力纾解的洪灾，或是吞噬全国千万人口的大瘟疫一样，这中间没有太大的不同。

我已经提到了通过诸如"自然"和"文化"这样的对立将外在于人类的自然和人类－社会进程的关系概念化，毫无疑问，人们为前者赋予了更高的价值。要让20世纪晚期的人们相信，原初的"自然"并不很契合人类的需求，不是件容易的事。只有清除了原始森林，将狼、野猫、毒蛇和蝎子（简而言之，所有会威胁到人类的事物）通通消灭，只有当"自然"被驯化，从根本上被人类改造，对那些居住在城市里的人而言，这样的"自然"才是仁慈且美好的。事实上，自然有自己的进程，它盲目地不加区分地将好的和坏的，将健康的喜悦和疾病的痛苦赋予人类。唯一能在必要时，在一定程度上掌控无情的自然进程并互相扶持的生物，只有人类自身。

　　医生能完成这样的救治，或者他们至少尝试如此。但也许，即便是医生，也在某种程度上仍然被"自然进程才是病人康复的关键"这样的观念所影响。有时候，事实的确如此，有时则不然。僵硬的教条在这里于事无补，关键是要对自然的仁慈和恶意具有一种非教条的理解。在当下，医学知识经常仅仅被等同于生物学知识。但我们可以想象，未来有一天，关于人类的知识，关于人们之间关系的知识，关于他们之间的纽带并因之彼此加诸压力与限制的知识，同样也会是医学知识的一部分。

　　我在这里讨论的问题属于这种知识的分支。有一种可能是，人们生活的社会面向，也即他们与他人之体间的关系，之所以对走向衰老和死亡的人来说特别重要，恰恰是因为盲目而不可控的自然进程很明显在他们身上占了上风。但对医生、对年长者和临终者的亲友而言，一旦意识到已经抵达了对自然控制的极限，他们往往会有一种态度，这种态度往往同年长者和临终者的社会需求是对立的。人们往往会告诉自己，他们能做的已经不多，他们会耸耸肩，不无遗憾地走自己的路。医生尤其如此，他们的职业就是要掌控自然盲目的毁灭力，却常常惊恐地、眼睁睁地看着这种盲目的力量是如何在病人和临终者身上打破有机体日常的自我平衡，势如破竹地摧毁有机体自身的。

当然，让人们镇定自若地见证这种衰朽过程并非易事。但也许处在这种境况中的人，对他人也会有一种特殊的需要。他们需要获得一些信号，能显示他们和他人的纽带没有切断，或者能说明虽然他们即将离开人世，但世间的人依然很重视他们。这些信号对他们尤其重要，因为他们此刻变得非常虚弱，更像是过去的自己的一个影子。但对某些临终者而言，孑然一身面对死亡也许更好。也许他们依然能够做梦，希望自己不被打扰。人们一定要知道什么是他们需要的。在我们所处的时代，死亡变得更加随意、非正式，而个体的需求（如果它们为人所知的话）其实越来越丰富。

6

这一切也许清楚地说明了，今天对待衰老和死亡的主流态度既非不能改变，也不是偶然形成的。它们都是社会处于特定发展阶段的特定产物，因此也都具有特定的结构。这些社会中的父母比以往任何时候的父母都更加抗拒与自己的孩子谈论衰老和死亡。孩子们在长大的过程中，可能看不到一具尸体。而在人类社会发展的初期，目睹尸体可谓平常。在此之后，和过去的社会相比，平均寿命的延长让现代社会能将衰老和死亡阻挡在离年轻人或者所有人更遥远的地带。很明显，在一个平均预期寿命只有40岁抑或37岁的社会里，即便对年轻人而言，其死亡意识也肯定要比一个预期寿命70岁的社会来得迫近而急切。因而也可以理解，我们社会的年轻人比过去拥有更长的预期寿命，这一点也加剧了人们对核战争的恐怖。当一个20岁的记者就论述"死之孤独"的那本书前来采访我时，他蹙眉忧虑地问我："是什么促使你来写这么一个古怪的题目呢？"我就更加清晰地看到了这一点。

从没有任何社会像今天的发达社会这样，一切合谋起来，将临终者和死者从生者视线中远远推开，秘密地藏匿于日常生活背面。从没有一个历史时期像今天的社会这样，人们悄无声息地、卫生体面地死去。也从没有一个社会像今天一样，制造了如此深的隔绝和孤独。

7

在格拉泽（B. G. Glaser）和斯特劳斯（A. L. Strauss）合著的那本著名的《临终时刻》（*Time for Dying*, Chicago, 1968）一书中，作者们注意到如下这一事实：

　　大多数病人都有自己的家庭。如果亲属们在一个家庭成员临终前陪伴在其身侧，他们的在场可能会给医院的医生和护士带来很多问题，会大大降低看护的效率（第 151 页）。

这段简要的叙述指出了在表面看来合理化、制度化的死亡过程中（至少在美国的医院里如此，格拉泽和斯特劳斯的观察毫无疑问首先就是针对美国医院）存在的一个严重且未解决的矛盾。迈向死亡的人接受着最先进、最科学的药物治疗。但是临终者和相关的人接触（那些人的在场对于一个将要离开人世的人而言，可能是最大的抚慰）却往往被视为对病人的合理治疗和专业人员常规工作的干扰。相应的是，这些接触也会被减少，或者尽可能地避免。格拉泽和斯特劳斯指出，在一些经济欠发达的社会里，临终者的近亲会依传统安抚、照顾临终者，从而将护理人员解脱出来去做其他工作（第 152 页）。他们也会担负起康复期患者的日常护理。因此，专业人员会适应他们的在场。而渴望安慰的亲属彼此之间也会相互扶持。这与格拉泽以及施特劳斯在发达社会的医院里观察到的情形明显不同。在后面一种情形下，专业人员需要花费时间去安抚痛苦绝望的亲属。

这种差异如此鲜明。一面是更古老的模式：家庭成员们簇拥在罹患疾病的那个人身边，为他端茶倒水，看护他服药，清洗病人的身体，可能还把街道的泥泞带到病床上，或者不洗手就去照顾病人。也许，他们加速了大限的到来，因为所有这些方式都算不上符合卫生的标准。也许，他们延迟了死神的降临，因为对于垂死之人而言，没有什么比得到家人和朋友的照料更令他们感到幸福的了——这是最后的爱的证明，这是最后的表示他们对其他人仍然重要的证明。这是一种非常强大的支撑——在其他人身上得到回应，感觉自己有爱的牵挂，他人的在场唤起的是一种温暖的归属感。双方通过情感进行的互相确认，两人或更多人之间的情感共鸣（可以说，是一种互惠的情感）对赋予人类生活意义和充实感是至关重要的。

我们应该不抱幻想：在欠发达社会里，家人之间往往并非和睦欢乐。过去的家庭结构往往伴随着男女之间以及老幼之间巨大的不平等。家庭成员之间可能其乐融融，也可能恨而反目，抑或两者兼有。他们之间也许会存在嫉妒，或者歧视。在这一社会发展阶段，尤其是女性或者母亲构成家庭情感核心的情况下，只有一种情形是很少见的：在大家庭的框架中，不存情绪中立。在某种程度上，这对临终者也许是有益的。他们在众人的目光中离开这个世界，他们身边围绕着的人对他们来说有较高的情感价值，反之亦然。他们也许以不那么卫生的方式死去，但至少并不孤独。而在一家现代医院的重病护理病房，临终者们会接受最先进的遵循生物物理学专业知识的看护，但这种看护本身经常没有任何人情味可言。他们可能在全然隔绝中死去。

8

　　此外，能够延长人类寿命的技术日臻完善，然而这并非导致我们今天对临终者进行隔离的唯一原因。发达工业国家逐渐增强的内部安定性，以及人们面对暴力时窘迫程度的显著提高，导致了这些社会中生者对死者有一种通常心照不宣但可见的厌恶之情——这些社会中的很多成员尽管未必会认可这种厌恶之情，但他们也无法克服它。不管人们如何看待它，走向死亡的过程都是一种暴力的过程。不管一个人是猝死还是慢慢死去，不管死因是一个具体的行凶者还是盲目的自然力量，这些对那个人最终都无足轻重。因此，程度越来越高的国家内部安定性也同样导致了人们对死亡的厌恶，或者更准确地说，是人们对临终过程的厌恶。这样的例子比比皆是。弗洛伊德罹患口腔癌之后和病魔搏斗很久才去世，他的临终过程就是一个最鲜明的例子。随着病情的加重，病人身上散发出越来越强烈的异味。即便是弗洛伊德的爱犬也拒绝靠近他。只有安娜·弗洛伊德对她垂死的父亲抱有一种强烈的坚如磐石的爱，在他生命的最后时光照顾他，让他没有体验那种被遗弃的感觉。西蒙·德·波伏瓦也以惊人的准确性描述了他的朋友萨特生命的最后时光：萨特已经尿失禁，他必须随身带着固定在他身上的尿袋，那只尿袋有时候会溢出来。人体器官的衰竭，即我们称之为临终的过程，常常不可能无臭无味。但是发达社会灌输给其成员的却是对强烈臭味极高的敏感。

所有这些都证明了发达社会里的我们是如何无法面对与临终有关的问题的。我在这里所描述的，也只是对诸多待解决问题的部分诊断。在我看来，这种诊断和观察还有待深入。总体来说，我们还没有完全意识到，发达社会里的临终带来了这些急需面对的特殊问题。

正如你所看到的，我在这里提出的问题是医学社会学的问题。今天，我们的医疗手段主要处理的是个体层面的生理功能（心脏、膀胱、动脉等）就此而言，保全、延长寿命的医疗技术毫无疑问比以往任何时候都要来得先进。但是，聚焦于从医学层面上修复功能越来越衰退的单独的器官或者器官区域，只有当其目的是为了服务于上述局部进程协调统一运作于其身的那个人时，这一切才是值得的。如果个体的局部进程出现的个别问题让我们忘记那个作为整体的人，我们其实也在贬低我们对这些个别器官所付出的劳动和努力。我们今天用衰老和临终来形容的个人机体的衰败过程，对其同类（包括医生在内）提出了一些很大程度上尚未被履行也尚未被意识到的任务。如果人们认为独立的个体完全只为自己存在，完全不依赖其他人，也依照这种观念如此对待其他人的话，那我在这里所思考的这些任务将依然会被埋没。我不确定有多少医生已经意识到，个体和他人的关系，无论对于病症的起因还是病症本身来说，都具有决定性的作用。我提出了关于临终者和他周围人的关系的问题。正如你所看到的，这种关系在发达社会里有其独特的形态，因为在这样的社会里，人们走向死亡的过程和过去的社会相比，被更深远地隔绝在正常社会生活之外。这种隔绝的一个后果就是，人们对衰老和临终的体验在后来的社会压抑中渐趋黯淡不明。在先前的社会里，它们是由传统的公共机构和集体幻想组织起来的。也许，当人们指出死之孤独时，能够更容易意识到发达社会还有一系列亟待解决的问题。

我深知医生的时间是何其宝贵。我同样也知道，和过去的年代相比，人以及人与人之间的关系在今天被给予了远比过去更多的关注和重视。如果垂死之人宁愿死在自己的家中而非医院里，而人们亦同样知道，如果他们留在家里会死得更快，那样的话，人们又会如何做？但也许那正是临终者们想要的。或许，我们对人的关怀远远落后于我们对其器官的看护，这样说毫不为过。

湖 岸
Hu'an publications®

出 品 人＿唐 奂

产品策划＿景 雁

责任编辑＿张静乔 钱凌笛

特约编辑＿史 亦

责任校对＿王凌霄

责任印制＿姚 军

营销编辑＿蒋谷雨

装帧设计＿山川制本 workshop

美术编辑＿王柿原 陆宣其

🐦 @huan404

🅖 湖岸 Huan

www.huan404.com

联系电话＿010-87923806

感谢您选择一本湖岸的书
欢迎关注"湖岸"微信公众号